R.C. 스프로울의

구원

SAVED FROM WHAT?
by R. C. Sproul

Copyright © 2002 by R. C. Sproul
Published by Crossway Books
a publishing ministry of Good News Publishers
Wheaton, Illinois 60187, U.S.A.

This edition published by arrangement with Crossway through rMaeng2.
All rights reserved.

This Korean Edition Copyright © 2003, 2014
by Word of Life Press, Seoul, Republic of Korea

본 저작물의 한국어판 저작권은
rMaeng2를 통하여 Crossway와 독점 계약한 생명의말씀사에 있습니다.
신저작권법에 의하여 한국 내에서 보호받는 저작물이므로 무단 전재와 무단 복제를 금합니다.

R. C. 스프로울의 구원

ⓒ 생명의말씀사 2003, 2014

2003년 5월 25일 1판 1쇄 발행
2009년 10월 20일   3쇄 발행
2014년 3월 31일 2판 1쇄 발행
2025년 5월 2일   6쇄 발행

펴낸이 | 김창영
펴낸곳 | 생명의말씀사

등록 | 1962. 1. 10. No.300-1962-1
주소 | 서울시 종로구 경희궁1길 6 (03176)
전화 | 02)738-6555(본사) · 02)3159-7979(영업)
팩스 | 02)739-3824(본사) · 080-022-8585(영업)

기획편집 | 신현정
디자인 | 윤보람, 송민재
인쇄 | 영진문원
제본 | 보경문화사

ISBN 978-89-04-16451-6 (03230)

저작권자의 허락 없이 이 책의 일부 또는 전체를
무단 복제, 전재, 발췌하면 저작권법에 의해 처벌을 받습니다.

Saved From What?

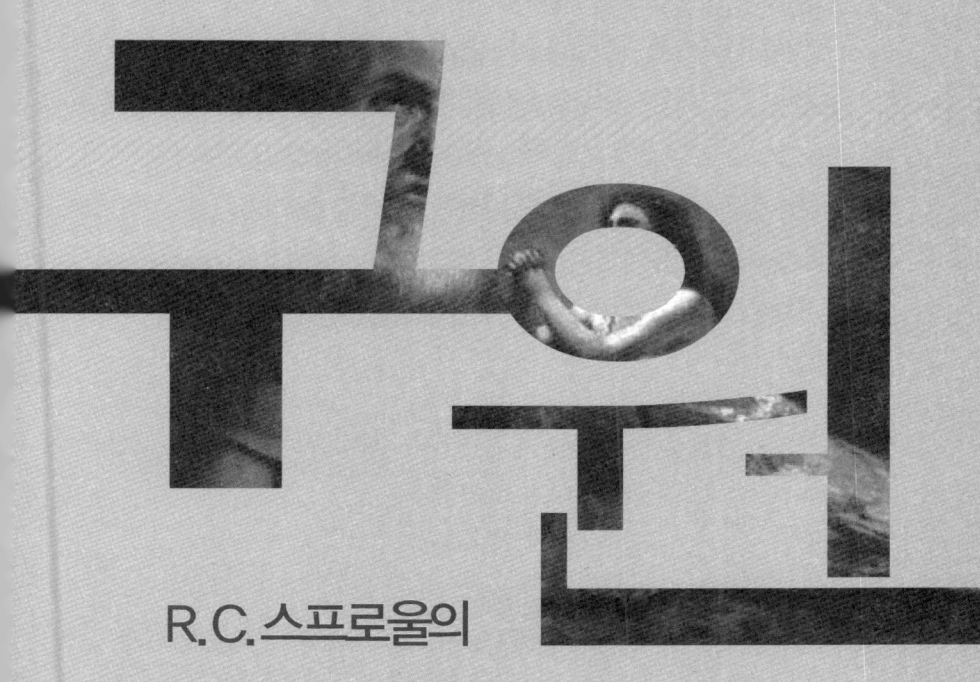

구원

R.C. 스프로울의

생명의말씀사

추천사

어쩌면 이 책은 당신의 인생에서 가장 중요한 책이 될 수도 있다. 바로 "무엇으로부터 구원받는가?"라는 매우 중요한 문제를 다루고 있기 때문이다. 구원은 모든 사람에게 가장 절실한 문제가 아닐 수 없다.

특히, 이 책은 다음과 같은 사람들에게 유익하다.

첫째, 구원받지 않았을 뿐 아니라, 스스로도 구원받지 않았다는 사실을 아는 사람이다. 만일 당신이 이런 경우라면 매우 심각한 위험에 처해 있다고 하겠다.

둘째, 실제로는 구원받지 않았는데 자신이 구원받았다고 착각하는 사람이다. 만일 당신이 이런 경우라면 첫 번째 사람보다 더 큰 위험에 빠져 있다고 할 수 있다. 이런 사람은 이 책을 반드시 읽어야 한다. 그러면 자신이 처한 절박한 상황을 이해하게 될 것이다.

셋째, 구원받았으면서 아직 구원의 의미를 모르는 사람이다. 이런 경우에는 이 책을 통해 구원의 확신과 기쁨을 발견하게 될 것이다.

마지막으로 구원받았을 뿐 아니라, 구원에 관한 지식과 확신을 가진 사람에게도 유익하다. 이런 사람은 이 책을 통해 하나님과 더욱 깊이 교제하고, 구원에 대한 감사와 기쁨이 새롭게 샘솟는 것을 경험할 수 있을 것이다.

이 책은 세 부분으로 구성되어 있다.

먼저, 구원받지 못하고 하나님의 의로운 심판과 진노 아래서 살아갈 수밖에 없는 사람들의 절망적인 상태를 다룬다. 구원받지 못한 사람들은 희망을 잃고 영원한 멸망을 당할 수밖에 없는 운명에 놓여 있다.

둘째, 이 책은 독생자 예수 그리스도의 죽으심과 부활을 통해 제공된 하나님의 위대한 구원을 명료하고 힘 있게 제시한다. 다시 말해 어떻게 그리스도의 구원 사역을 믿어 죄 사함을 받고, 만물의 창조자이자 거룩한 재판관이신 하나님 앞에서 의롭다 함을 받는지를 다룬다.

셋째, 구원받은 이후의 삶, 곧 구원받은 사람들이 누리게 될 말할 수 없는 기쁨과 아름다움, 영광, 영생, 하늘나라의 삶을 감명 깊게 다룬다.

나는 이 책을 강력히 추천한다. 이 책을 통해 모든 사람이 우리 죄를 위해 죽으신 하나님의 독생자 예수 그리스도를 발견하고, 하나님의 위대한 구원을 깨닫길 소망한다. 아직 구원받지 못한 사람은 이 책을 통해 구원을 발견하길 바란다. 그리고 이미 구원받은 사람은 구원의 의미를 새롭게 발견하여 삶이 변화하는 계기가 되기를 진정으로 소원한다.

확신하건대, 이 책은 당신의 생애에서 가장 중요한 책으로 남을 것이다.

레인 T. 데니스 크로스웨이 대표

Saved From What?

CONTENTS

추천사

Part 1 무엇으로부터 구원받는가
Chapter 1 　무엇으로부터 구원받는가　 _11
Chapter 2 　깨어진 자아상　　　　　　 _32

Part 2 무엇에 의해 구원받는가
Chapter 3 　무엇에 의해 구원받는가　 _51
Chapter 4 　구속의 드라마　　　　　　 _63
Chapter 5 　대속자이신 그리스도　　　 _80
Chapter 6 　축복과 저주　　　　　　　 _91
Chapter 7 　이신칭의　　　　　　　　 _116

Part 3 무엇을 위해 구원받는가
Chapter 8 　아들 됨과 최고의 복　　　 _135

Saved From What?

Part 1

무엇으로부터 구원받는가

Saved From What?

Chapter · 1
무엇으로부터 구원받는가

"당신은 구원받았습니까?"

오래전, 정확히 말하자면 1969년에 이 질문을 받았던 일이 지금도 생생하게 기억난다.

1960년대는 한창 문화적 혁명이 진행되던 격변기였다. 나는 당시 필라델피아 템플대학 콘웰신학교의 신학교수였다. 그때는 결코 평화로운 시절이 아니었다. 베트남 전쟁을 반대하는 시위 때문에 나라 전체가 떠들썩했다. 흥분한 학생들은 주기적으로 시위와 연좌 농성을 벌였다.

대학가는 전례 없는 소란과 격랑에 휘말렸다. "민주사회를 위한 학생회" 소속 학생들이 핸드마이크로 외쳐대는 시위 구호 때문에 캠퍼스 전체가 요란스러웠다. 그런 상황에서 나는 강의실에서 학생들의 주의가 산만해지지 않도록 열심을 다해 강의를 했다.

점심시간이 되어서야 비로소 모든 소음에서 벗어나 교수식당에서 한 시간이나마 고요하게 보낼 수 있었다. 나는 단 일 분이라도 평화로운 시간을 갖기 위해 점심시간이 끝날 때까지 교수식당을 떠나지 않았다.

점심시간이 끝날 무렵 식판 수거함에 식판을 갖다 놓은 뒤, 캠퍼스광장을 지나 강의실로 향했다. 강의시간에 늦지 않으려고 부지런히 발걸음을 옮겼다. 나는 뭔가를 골똘히 생각하며 혼자 걷고 있었다. 그때 갑자기 한 신사가 불쑥 나타나더니 내 발걸음을 멈춰 세웠다. 그는 내 눈을 바라보며 대뜸 이렇게 물었다. "당신은 구원받았습니까?"

나는 어떻게 해야 할지 몰라 잠시 당황했다. 가장 먼저 "무엇으로부터 구원받았다는 말인가?" 하는 생각이 떠올랐다. 그렇지만 떠오른 생각을 먼저 말하지 않고 퉁명스럽게 쏘아붙였다. "길 가는 사람을 아무나 붙들고 질문을 던지는 당신 같은 사람들한테서 구원받으면 좋겠소이다!" 그렇게 말한 뒤, 나는 "무엇으로부터 구원받는단 말입니까?"라고 물었다. 내가 느닷없는 그의 질문에 깜짝 놀랐듯이, 그도 내 질문에 적잖이 당황한 것 같았다. 그는 우물거리며 말을 더듬기 시작했다. 대답할 말이 얼른 생각나지 않는 것이 분명했다.

"무엇으로부터 구원받느냐고요? 글쎄요, 제 설명을 이해할지 모르겠습니다만, 선생님은 예수님을 아시나요?" 그는 이렇게 말하며 그리스도의 복음을 간단히 설명하고자 했다.

이 뜻밖의 만남은 내게 깊은 인상을 남겼다. 나는 그런 식으로 무작정 복음을 전하는 것이 조금 못마땅했지만, 마음 한구석에서는 누군가 나를 걱정해 주는 사람이 있다는 사실이 기뻤다. 내게 복음을 전하려고 했던 그 사람은 구원에 대한 열정은 있었지만, 구원의 의미를 정확히 알지 못했다. 신학 용어를 나열하며 복음을 설명했지만, 사실 그런 용어들이 무엇을 의미하는지 모르고 있었다. 결과적으로, 그의 말은 내용 없는 껍데기일 뿐이었다.

그는 그리스도를 사랑했을 뿐 아니라 사람들의 영혼을 걱정하는 아름다운 마음을 가지고 있었다. 진정 그런 마음이 없이는 감히 낯선 사람에게 다가가 복음을 전할 용기를 가질 수 없다. 하지만 안타깝게도 복음을 전하겠다는 열정만 가득했을 뿐, 복음의 의미를 이해하지 못했다.

우리는 과연 복음을 이해하고 있는가?

그렇다면 오늘날의 교회는 어떤가? 복음주의 신자들은 과연 복음을 정확히 알고, 구원의 의미를 이해하고 있는가? 안타깝지만, 누구도 따라올 수 없는 열정을 가진 복음주의자들 가운데도 복음과 구원의 의미를 정확히 모르는 사람이 많은 것 같다.

몇 년 전 "개혁을 위한 기독교 연합"에서 "기독교서적상협회" 연례 모임에 참석한 대표자들을 대상으로 설문조사를 실시하였다. 당시 모임에 참석한 대표자들이 대부분 그리스도인이었기 때문에 우리는 그들이 복음의 근본 진리에 대해 나름대로 기본 지식을 갖추고 있을 것이라고 생각했다. 하지만 결과는 예상 밖이었다.

대표자 가운데 100명을 무작위로 선택해 조사한 결과, 복음의 의미를 정확히 아는 사람은 단 한 명뿐이었다. 나머지 사람들은 복음을 "예수님과 개인적인 교제를 나누는 것", "예수님을 마음에 영접하도록 요구하는 것"이라는 식으로 이해하고 있었다. 이런 대답에는 그리스도와 그분의 사역, "믿음으로 의롭다 함을 받는다"는 이신칭의 교리에 대한 확신이 빠져 있었다.

물론 참석자 5,000명 가운데 불과 100명을 상대로 한 조사였기 때문에 그 규모가 작았다고 할 수 있다. 또한 질문의 구성이

나 방식이 애매해서 잘못된 대답을 유도했을 가능성도 없지 않다. 그러나 조사 대상자들을 직접 면담한 뒤, 그들이 기독교의 기본 진리에 전혀 무지하다는 사실을 다시 한 번 확인할 수 있었다. 그런 결과에 나는 큰 충격을 받았다.

그 일을 계기로 나는 1년 뒤에 다시 열릴 기독교서적상협회 연례 모임 주일예배에서 설교를 맡아 달라는 요청을 받았다. 그 후 1년이 흘러 마침내 그들에게 말씀을 전할 기회를 갖게 되었다. 전년도 조사 결과를 여전히 기억하고 있던 나는 구원을 주제로 설교하기로 결정했다. 그들에게 던진 질문은 이것이었다. "구원이란 무엇입니까?"

솔직히 말하자면, 이 문제를 설교 주제로 결정한 것이 잘한 일인지 약간 걱정스러웠다. 기독교 출판인들 앞에서 그런 기본적인 문제를 다루는 것이 혹시 공자 앞에서 문자를 쓰는 꼴이 되지나 않을까 우려되었기 때문이다. 그들이 이미 잘 아는 문제를 다시 거론한다는 것은 시간 낭비인데다가, 어쩌면 그들의 지성을 무시하는 무례한 행위가 될 수도 있었다.

그런데 그날 아침 설교를 마친 뒤, 그들은 깜짝 놀랄 만한 반응을 보였다. 사람들은 일주일 내내 내게 와서 고맙다고 말했다. 그들은 "저는 복음을 그런 식으로 생각해 본 적이 없었습니다"라고 말했다.

그 후 나는 기독교서적상협회 연례 모임에 꾸준히 참석했는데, 그때마다 사람들은 내게 들었던 설교를 떠올리며 말을 건넸다. 그때 기분은 설교자가 아니면 결코 알 수 없다.

한 번 들은 설교를 몇 년이 흘러도 여전히 기억한다는 것은 그리 흔한 일이 아니다. 내가 직접 설교를 하고도 3주만 지나면 무슨 설교를 했는지 모를 때가 많다. 설교를 전한 내가 그 정도니, 설교를 들은 교인들은 말할 것도 없다. 물론 그동안 들어온 메시지를 요약하여 기억한다고 해서 말씀의 능력을 체험할 수 있는 것은 아니다. 말씀이신 그리스도가 우리 안에 역사하실 때 비로소 말씀의 능력을 체험할 수 있다.

지난 40여 년 동안, 스바냐서를 본문으로 설교한 적이 딱 한 번 있다. "무엇으로부터 구원받는가?"라는 문제에 깊이 있는 답변을 제시하는 중요한 본문이다.

여호와의 큰 날이 가깝도다 가깝고도 빠르도다 여호와의 날의 소리로다 용사가 거기서 심히 슬피 우는도다 그날은 분노의 날이요 환난과 고통의 날이요 황폐와 패망의 날이요 캄캄하고 어두운 날이요 구름과 흑암의 날이요 나팔을 불어 경고하며 견고한 성읍들을 치며 높은 망대를 치는 날이로다 내가 사람들에게 고난을 내려 맹인같이 행하게 하리니 이는 그들이 나 여호와께 범죄하였음이라 또 그들의 피는 쏟아져서 티끌같이 되며 그들의 살은 분토같이 될지라 그들의 은과 금이 여호와의 분노의 날에 능히 그들을 건지지 못할 것이며 이 온 땅이 여호와의 질투의 불에 삼켜지리니 이는 여호와가 이 땅 모든 주민을 멸절하되 놀랍게 멸절할 것임이라(습 1:14-18).

주의 깊게 읽어보면, 이 본문에서 귀중한 복음을 발견할 수 있다. 본문은 "좋은 소식"이 아니라 불길하고 두려운 소식을 전한다. 전체적으로 매우 불길한 어조를 띠고 있는 이 본문은 분명 목회자들이 별로 다루고 싶어하지 않을 부분이다. 물론 본문 메시지는 오늘날의 사회 상황과도 큰 관련이 없다. 스바냐는 주의 날을 가리켜 "분노의 날이요 환난과 고통의 날이요 황폐와 패망의 날이요 캄캄하고 어두운 날이요 구름과 흑암의 날"이라고 묘사했다. 또한 그는 "경고, 고난, 피, 분노, 불" 등과 같은 언어를 사용했다.

이렇듯 스바냐는 다양한 어휘를 사용하여 주의 날을 명확하게 묘사했다. 그의 묘사는 주의 날의 공포를 잘 전달해 준다. 그러나 본문은 스바냐가 한 예언의 일부일 뿐이다. 하나님의 진노가 쏟아 부어질 것을 묘사하는 스바냐서의 예언을 읽어보면 그 야말로 머리끝이 쭈뼛해진다.

스바냐서는 구원의 약속으로 끝을 맺고 있지만, 그에 앞서 하나님의 무시무시한 심판을 예고하는 끔찍한 메시지를 전하고 있다. 그런데도 내가 이 구절을 설교 본문으로 삼은 데는 중요한 이유가 있다. 다름 아니라 이 구절이 "무엇으로부터 구원을 받는가?"라는 문제에 해답을 제공하는 보기 드문 성경 구절이기 때문이다. 구원을 논한다는 것은 곧 성경의 중심 주제를 논한다는 것이다. 구원의 의미는 우리가 반드시 이해해야 할 개념이다.

성경에 사용된 구원의 의미

그렇다면 "구원"이라는 용어는 성경에서 어떤 의미로 사용되었을까? 성경을 펼치는 순간, 우리는 구원이라는 용어가 다양하게 사용되고 있음을 알 수 있다. 모든 문제가 "구원"이라는 명사와 "구원하다"라는 동사와 관련되어 있다고 해도 과언이 아니다.

예를 들어, 하나님이 바울과 실라를 구해 주신 사건을 보라. 하나님은 큰 지진을 일으키셔서 그들을 빌립보 감옥에서 구해 주셨다. 공포에 질린 간수는 바울과 실라에게 "선생들이여 내가 어떻게 하여야 구원을 받으리이까?"라고 물었다. 그러자 바울은 즉시 "주 예수를 믿으라. 그리하면 너와 네 집이 구원을 받으리라"(행 16:30, 31 참조)고 대답했다. 여기에서 바울이 언급한 구원의 의미는 분명하다. 그런데 간수는 어떤 의도로 그러한 질문을 던진 것일까?

간수는 죄수를 지키는 임무를 담당하는 관리였다. 당시 법에 따르면 죄수가 탈옥할 경우, 간수는 그들이 받을 형벌을 대신 감당해야 했다. 옥문이 열리고 죄수들이 다 도망한 줄 알았던 간수는 바울과 실라에게 달려와 구원에 관한 질문을 던졌다.

우선, 간수가 자신의 영원한 운명, 즉 하나님과의 관계를 염두에 두고 "어떻게 해야 구원을 받습니까?"라고 질문한 것으로 생각할 수 있다. 당시 그는 바울과 실라가 찬송을 부르는 소리를 들었고, 그들이 경건한 종교인임을 익히 알고 있었다. 따라서 간수가 역사상 가장 위대한 신학자였던 사도 바울에게 구원의 문제를 제기했을 가능성이 높다. 그러나 죄수들의 탈옥에 책임을 지고 자신이 받을 형벌이 생각나서 그런 질문을 던졌을 가능성도 배제할 수 없다. 성경에서 "구원"이라는 용어가 항상 하나님과의 화해라는 궁극적인 문제만 가리키는 것은 아니기 때문이다.

또 한 가지 예를 들어보자. 어떤 여인이 질병을 고치기 위해 예수님을 찾아왔다. 예수님 옷에 손을 대는 순간, 그 여인은 질병에서 나을 수 있었다. 예수님은 여인에게 "딸아 네 믿음이 너를 구원하였으니 평안히 가라"고 말씀하셨다. 예수님과 여인은 서로 하나님과의 화해라는 궁극적인 문제를 언급하지 않았다. 여인은 질병과 고통에서 벗어나고 싶었다. 자신의 질병이 치유되기를 원했다. 그리고 예수님은 그의 질병을 치유해 주셨을 뿐이다. 물론 예수님이 "네 믿음이 너를 구원하였다"고 말씀하실 때, 영원한 구원을 염두에 두셨을 수도 있다. 그러나 그런 의도로 말씀하지 않았을 가능성도 있다.

이를 통해 보더라도 성경에서 "구원" 또는 "구원하다"라는 용어가 반드시 구원 교리를 가리킨다고 단정할 수는 없다는 점을 확인할 수 있다.

성경은 여인들이 해산을 통해 "구원을 얻을 것"이라고 말한다(딤전 2:15). 바울은 고린도 교인들에게 "믿지 아니하는 남편이 아내로 말미암아 거룩하게 되고 믿지 아니하는 아내가 남편으로 말미암아 거룩하게 되나니"(고전 7:14)라고 가르쳤다. 그렇다면 이런 성경 구절을 근거로 신약성경은 구원의 세 가지 방법, 즉

1) 그리스도를 믿는 신앙을 통한 구원, 2) 그리스도를 믿는 누군가와의 결혼을 통한 구원, 3) 자녀의 해산을 통한 구원을 가르친다고 생각해야 하는가? 아니, 그리스도를 믿는 사람과 결혼할 필요도 없이 그저 자녀만 낳으면 하나님 나라에 들어갈 수 있다고 생각할 수 있는 것일까?

분명히 말하지만, 이런 생각은 성경의 가르침과 거리가 멀다. 성경은 구원이라는 용어를 다양하게 사용한다. 따라서 구원이라는 용어가 사용되었다고 해서 반드시 하나님과의 화해를 가리키는 것은 아니다. 구원은 일반적으로 "재난이나 불행에서 구조되다"라는 뜻을 지닌다.

구약성경에서 우리는 이스라엘 백성과 블레셋 족속의 전쟁에 관한 기록을 볼 수 있다. 대부분 이스라엘 백성의 패색이 짙어갈 즈음, 갑자기 전쟁의 판도가 바뀌어 승리하는 것을 보게 된다. 그때마다 이스라엘 백성은 "구원받았다"고 말한다. 생명을 위협하는 질병을 앓고 있는 사람이 치유된 경우에도 "구원받았다"는 말이 사용되었다.

오늘날에도 "구원"이라는 말을 이와 같은 용례로 사용한다. 예를 들어, 상대편 주먹을 맞고 링 바닥에 드러누워 있는 복싱 선수를 향해 주심이 카운트하고 있다고 하자. 막 열을 세려는 순간, 종이 울려 카운트가 중단되었다. 그런 경우에도 우리는 "종이 그를 구원했다"라고 말한다. 이때 "구원했다"는 말은 그 선수가 천사들의 안내를 받으며 하늘나라에 들어갔다는 의미와는 전혀 상관이 없다. 다만 패배당할 뻔한 위기를 다음 라운드가 시작되기 전까지 일시적으로 모면하게 되었다는 의미일 뿐이다.

성경에서도 구원이라는 용어가 광범위한 의미로 사용되었다. 즉 전쟁, 질병, 죽음 등을 비롯한 재난과 불행에서 벗어났을 때, 구원이란 말이 적용되었다. 하지만 성경에서는 구원이란 용어가 그런 일반적인 의미를 뛰어넘어 사용되기도 한다. 이때 구원은 "궁극적인 불행"에서 벗어난다는 의미를 지닌다. 이 문제에 대해서는 곧 자세히 살펴볼 것이다. 그 전에 생각해 봐야 할 문제가 하나 있다.

구원의 시제

지금까지 "구원"이라는 용어가 다양한 의미로 사용된다는 점을 살펴보았다. "구원하다"라는 표현 역시 다양한 의미로 사용된다.

헬라어는 영어보다 동사의 시제가 다양한데 "구원하다"라는 헬라어 동사도 신약성경에서 다양한 의미와 다양한 시제로 사용되었다. 성경은 우리가 "창세전에" 구원되었다고 가르친다(엡 1:4). 이때 사용된 헬라어 동사의 시제는 과거인데, 하나님의 놀라우신 섭리와 지혜로 우리가 영원 전에 이미 구원을 받았다는 의미를 함축한다. 예수께서 임금이 "내 아버지께 복 받을 자들이여 나아와 창세로부터 너희를 위하여 예비된 나라를 상속받으라"(마 25:34)고 말하는 때가 올 거라고 하신 것도 바로 이런 이유에서다.

하지만 성경은 "구원하다"라는 동사를 "구원받고 있는 중이었다"라는 과거 미완료시제로 사용하기도 한다. 이는 하나님의 구원이 일련의 역사적인 과정을 통해 이루어졌다는 사실을 함축한다. 우리의 구원은 하나님의 구원 계획을 통해 역사적으로 이루어져왔다. 좀 더 구체적으로 말하면 아브라함의 소명, 이삭과 야곱의 생애를 통해 우리의 구원이 준비되고 이루어져왔다는 사실을 뜻한다.

그리고 성경은 "구원하다"라는 동사를 "구원받는다"라는 현재시제로 사용하기도 한다. 우리가 그리스도를 믿는 순간에 하나님은 우리를 의롭다고 선언하신다. 의롭다 함을 받는 순간에 그리스도의 의가 우리에게 전가된다. 지금 우리는 구원받은 상태이며, 예수님 안에서 안전하다.

또한 성경은 "구원하다"는 동사를 "구원받고 있는 중이다"라는 현재 미완료시제로도 사용한다. 구원이란 단순히 일회적으로 끝나지 않는다. 믿음을 갖는 순간부터 구원은 시작된다. 구원이 시작되는 순간 우리는 성화의 과정을 거치며 성장한다. 성화의 과정도 구원의 과정으로 묘사된다.

마지막으로 성경은 "구원하다"라는 동사를 "구원받을 것이다"라는 미래시제로 사용한다. 우리는 구원받는 중이며, 장차 온전히 구원받아 그리스도와 더불어 영광 가운데 거하게 될 것이다. 이것이 구원의 마지막 단계이자 완성이다.

이처럼 성경은 "구원하다"라는 동사를 다양한 시제로 사용하고 있다. 이 때문에 구원의 의미를 파악하는 데 조금 혼동을 겪기도 한다. 그러지 않으려면 성경이 "구원"이라는 용어를 다양한 의미와 시제로 사용하고 있다는 사실을 잊지 말아야 한다.

장차 다가올 진노로부터 구원받다

구원의 궁극적인 의미를 탐구하려면 반드시 "무엇으로부터 구원받는가?"라는 질문을 생각해야 한다. 사도 바울은 데살로니가전서에서 이렇게 말했다.

그들이 우리에 대하여 스스로 말하기를 우리가 어떻게 너희 가운데에 들어갔는지와 너희가 어떻게 우상을 버리고 하나님께로 돌아와서 살아 계시고 참되신 하나님을 섬기는지와 또 죽은 자들 가운데서 다시 살리신 그의 아들이 하늘로부터 강림하실 것을 너희가 어떻게 기다리는지를 말하니 이는 장래의 노하심에서 우리를 건지시는 예수시니라(살전 1:9, 10).

"장래의 노하심"이란 무엇을 가리키는가? 학자들에 따라 서기 70년에 일어난 예루살렘의 멸망을 가리킨다고 믿기도 하고, 마지막 심판을 가리킨다고 이해하기도 한다.

구원의 궁극적인 목적은 장차 다가올 진노를 모면하는 것이다. 장래에 하나님의 진노가 있을 것이라고 믿는가? 오늘날의 사람들은 하나님의 진노와 마지막 심판을 믿지 않는다. 심지어 그리스도인 가운데도 이와 같은 사실을 믿지 않는 사람들이 있다.

나는 사람들에게 자주 예수님을 전한다. 그러면 그들은 이렇게 말한다. "예수를 믿는 것이 의미 있고, 그 때문에 삶이 행복하고 기쁨이 넘친다면 당신이나 잘 믿으세요. 나는 예수가 필요 없습니다."

이런 말이 과연 옳을까? 마치 집에 불이 나지 않았는데 왜 소방수가 필요하냐고 하는 것이나 다름없다. 다시 말해 "심판의 위협을 전혀 느끼지 못하는데 구세주가 무슨 필요가 있겠어요?"라는 논리다. 오늘날의 사람들은 장차 심판의 날이 있을 것이라고 믿지 않는다. 우리가 마지막 심판을 믿는다면, 아마도 복음 전도의 열정이 지금보다 세 배는 강렬해질 것이다.

구약성경에 보면 참 선지자는 무시무시한 심판의 날을 예언한다. 반면, 거짓 선지자는 거짓 평화를 외친다. 이것이 참 선지자와 거짓 선지자의 차이다. 사람들은 심판의 날에 대한 예언을 듣고 싶어하지 않는다. 거짓 선지자는 주의 날은 기쁨과 빛과 영광이 가득한 날이기 때문에 아무것도 걱정할 것이 없다고 약속한다. 그들은 "하나님이 여러분을 사랑하십니다. 하나님은 여러분의 인생을 위해 놀라운 계획을 가지고 계십니다"라는 말로 백성의 비위를 맞춘다.

그렇지만 하나님은 회개하지 않은 자들을 위해 놀라운 계획을 세우지 않으신다. 그런 사람은 심판의 날에 결코 행복한 운명을 맞이할 수 없다. 하나님은 그들에게 진노를 쏟아 부으실 것이 분명하다. 이것이 이사야, 예레미야, 에스겔, 다니엘, 미가, 아모스 등을 비롯해 하나님의 모든 선지자가 한결같이 전한 메시지였다. 아모스는 백성에게 이렇게 말했다.

화 있을진저 여호와의 날을 사모하는 자여 너희가 어찌하여 여호
와의 날을 사모하느냐 그날은 어둠이요 빛이 아니라 마치 사람이
사자를 피하다가 곰을 만나거나 혹은 집에 들어가서 손을 벽에 대
었다가 뱀에게 물림 같도다 여호와의 날은 빛 없는 어둠이 아니며
빛남 없는 캄캄함이 아니냐(암 5:18-20).

그리스도인들은 예수님의 재림을 고대한다. 예수님이 재림
하시는 날은 그리스도인들에게 행복한 날임이 틀림없다. 그러
나 구원받지 못한 사람들에게는 가장 두려운 재앙의 날이 될
것이다. 그들에게 그날은 스바냐의 예언대로 환난과 고통의 날
이다.

주님의 날이 가까이 왔다. 그날이 빠르게 다가올 것이다. 그
날은 환난과 고통, 황폐와 패망, 구름과 흑암의 날이다. 스바냐
는 주의 날이 오면 "온 땅이 여호와의 질투의 불에 삼켜지리니
이는 여호와가 이 땅 모든 주민을 멸절하되 놀랍게 멸절할 것임
이라"(습 1:18)고 예언했다.

무엇으로부터 구원받는가? 바울은 데살로니가 교인들에게
구세주가 장래의 노하심에서 우리를 구원하신다고 말했다(살전
1:10 참조). 예수님은 장차 다가올 진노로부터 우리를 구원하는 구

세주이시다.

주님에 의해, 주님의 진노로부터 구원받다

구원의 문제와 관련해 혼동하기 쉬운 개념이 또 하나 있다. 구원은 주님께 속한다. 인간은 스스로의 힘으로 자신을 구원할 수 없다. 돈이나 권력, 공로, 그 무엇으로도 자신을 구원하지 못한다. 한마디로 인간에게는 구원의 능력이 없다. 구원은 하나님에게서 온다. 오직 주님만이 구원을 베푸실 수 있다. 그러므로 구원은 하나님께 속한 것이다.

몇 년 전, 신장결석으로 병원 신세를 진 적이 있었다. 신장결석을 앓아 본 사람이라면 재앙이라는 단어가 무엇을 의미하는지 알 수 있을 것이다. 그날은 성탄절이었다. 나는 침대에 누워 벽에 걸린 텔레비전을 보고 있었다. 채널을 돌리다 보니 캘리포니아에 있는 한 교회의 예배 실황이 중계되고 있었다. 설교자가 누가복음에 기록된 성탄절 본문을 읽고 있었다. 그동안 수없이 들어온 본문이었다. "오늘 다윗의 동네에 너희를 위하여 구주가 나셨으니 곧 그리스도 주시니라"(눅 2:11). 하지만 이번에는 예전과 느낌이 달랐다.

그 본문을 듣는 순간, 불현듯 이런 생각이 들었다. "그래, 맞

아. 지금 나는 구세주가 필요해." 영혼의 문제 때문이 아니라, 신장결석의 고통 때문이었다. 당시 나는 하나님이 신장결석의 고통에서 벗어나게 해주셨으면 하는 마음이 간절했다.

물론 실제로 나를 신장결석의 고통에서 구해 준 것은 의사들이었다. 그러나 다가올 진노에서 우리를 구원해 줄 수 있는 분은 오직 하나님이 정해 주신 구세주뿐이다. 궁극적인 구원은 주님께 속한다. 오직 하나님만이 우리를 구원하실 수 있다. 그러나 여기에서 간과해서는 안 될 사실이 있다. 바로 구원이 주님에게서 오는 것일 뿐 아니라, 그분의 진노로부터 벗어나는 것을 의미한다는 사실이다.

무엇으로부터 구원받는가? 신장결석, 허리케인, 전쟁이 아니다. 하나님의 진노로부터 구원받는다. 인간은 하나님의 진노로부터 구원받아야 한다. 회개하지 않는 불신자들은 죽은 뒤에 하나님을 만나야 한다. 하나님은 우리를 구원하시는 분일 뿐 아니라, 우리를 심판하시는 분이기도 하다. 따라서 하나님의 진노에서 구원받아야 한다.

심판의 날에 구세주를 믿지 않는 이들은 하나님의 진노를 당하게 될 것이다. 산을 가리켜 "내 위에 무너져 나를 덮어다오. 나를 가려다오" 하고 부르짖을 것이다. 그들은 하나님의 무서운 진노 앞에서 견딜 수 없을 것이다. 그러나 장차 다가올 하나님의 진노를 막아줄 수 있는 유일한 방패는 예수 그리스도의 의 밖에 없다.

예수님을 믿을 때, 하나님은 우리에게 예수 그리스도의 옷을 입혀주신다. 예수 그리스도의 의의 옷을 입고 있는 한, 절대로 하나님의 진노를 당하지 않는다. 예수님께 피하는 자는 하나님과 평화를 누리게 될 것이며 결코 정죄함이 없을 것이다.

노아가 살던 시대를 생각해 보자. 하나님의 진노가 임해 온 세상이 홍수에 잠기고 말았다. 그러나 노아와 그의 가족에게는 심판의 날이 아니라 구원의 날이었다. 믿지 않는 자들에게 주의 날은 빛이 없는 어둠의 날이지만, 믿는 자들에게는 어둠이 없는 빛의 날이다.

"당신은 구원받았는가?" 이 질문은 모두에게 가장 중요한 문제다.

장차 하나님의 진노가 무섭게 쏟아져 내릴 것을 생각할 때, 우리는 두려워 떨 수밖에 없다. 우리는 하나님의 진노의 불꽃에 재가 될 운명이었다. 그러나 그 모든 진노를 예수님이 대신 당하셨다. 예수님이 없었더라면 우리는 하나님의 무서운 진노를 당할 수밖에 없었다. 이런 사실들을 생각할 때, 하나님이 우리에게 주신 구원이 얼마나 고마운 것인지를 깨닫게 된다. 단언컨대, 이 큰 구원을 등한시한다면 피난처는 어디에도 없다.

Chapter · 2

깨어진 자아상

1장에서 말한 대로 우리는 하나님의 진노로부터 구원받아야 한다. 이 개념을 이해하기 어려운 이유는 하나님이 어떤 분이며, 우리가 어떤 존재인지를 모르기 때문이다. 우리는 하나님을 지나치게 낮게 보고, 반면에 인간을 지나치게 높게 보는 잘못에 빠져 있다. 이사야는 성전에서 하나님의 영광스런 모습을 보았다. 하나님을 보는 순간 그는 생애 처음으로 하나님의 진정한 모습을 깨달았다. 그는 스스로를 저주하며 "화로다 나여 망하게 되었도다"(사 6:5)라고 부르짖었다.

이사야는 거룩하신 하나님 앞에서 철저히 깨어졌다. 말하자면 자신의 실상을 보게 된 것이다. 이런 경험은 이사야에게만 있는 것이 아니다. 누구나 살아 계신 하나님을 보는 순간 평정을 잃고, 자아가 산산조각 나는 심각한 정체성의 위기를 경험할 수밖에 없다.

요즘 우리는 자아도취, 즉 나르시시즘의 문화 속에서 살고 있다. 그리스 신화에 나오는 나르시스는 연못에 비친 자신의 모습을 보고 그만 사랑에 빠지고 말았다. 비록 신화에 나오는 이야기지만, 우리의 현실을 보여주는 것이 아닌가 싶다.

몇 년 전, 국제수학경시대회가 있었다. 미국 학생들이 대회에서 차지한 성적은 7등, 즉 꼴찌였다. 그런데 수학경시대회에 참여한 각국 학생들의 수학 실력과 자신감의 관계를 비교 연구한 결과, 미국 학생들이 꼴찌를 하고서도 가장 긍정적인 자아상을 가지고 있었다는 사실이 밝혀졌다.

아마도 미국 학생들이 수학 실력보다는 자긍심을 갖는 것이 더 중요하다는 교육을 받고 자랐기 때문인 것 같다. 이 결과는 실력은 뒤떨어지더라도 긍정적인 자아상을 갖는 것이 중요하다고 가르치는 미국식 교육의 특성을 잘 보여준다.

거룩하신 하나님과 자긍심

대부분의 사람들은 자긍심이 높다. 문제는 자긍심을 갖는 한

죄의 심각성을 느끼지 못한다는 것이다. 따라서 하나님의 진노를 두려워하지 않는다. 자긍심 때문에 하나님의 거룩하심을 보지 못한다. 그러나 성경을 보면, 하나님이 인간의 자아를 산산이 깨뜨리신다. 이사야를 비롯해 여러 사람이 그러한 체험을 했다.

벨사살 왕을 생각해 보자. 그는 큰 향연을 베풀고 이스라엘에 대한 자신의 승리를 자랑했다. 심지어 예루살렘 성전에서 가져온 그릇에 술을 부어 마셨다. 그러던 중, 갑자기 놀라운 일이 일어났다.

> 그때에 사람의 손가락들이 나타나서 왕궁 촛대 맞은편 석회벽에 글자를 쓰는데 왕이 그 글자 쓰는 손가락을 본지라(단 5:5).

다니엘은 그것을 본 왕의 반응을 이렇게 묘사한다.

> 이에 왕의 즐기던 얼굴빛이 변하고 그 생각이 번민하여 넓적다리 마디가 녹는 듯하고 그의 무릎이 서로 부딪친지라 왕이 크게 소리 질러(단 5:6, 7).

하나님의 손이 나타나자, 벨사살 왕의 낯빛이 크게 달라졌다. 낯빛이 변했다는 것은 마음에 큰 동요가 일어났다는 증거다. 그는 당시 벽에 쓰인 글자가 무슨 의미인지 몰랐지만, 결코 좋은 소식은 아닐 것이라고 확신했다. 실제로 벽에 쓰인 글자는 기쁜 소식과 거리가 멀었다. 갑자기 두려움에 사로잡힌 벨사살 왕은 온몸에 맥이 풀리고 다리가 덜덜 떨렸다.

순식간에 벨사살 왕의 자신감이 사라지고, 그의 오만한 콧대가 완전히 납작해지고 말았다. 벽에 쓰인 말대로 왕은 그날 밤을 넘기지 못했다. 그날 밤, 그는 살해당하고 그의 왕국은 멸망했다.

죄의 심각성을 인정하다

얼마 전에 어린이용 도서를 출간한 적이 있다. 당시 편집자는 내가 쓴 책에서 "죄"라는 용어를 모두 "잘못된 선택"이라고 고쳤다. 편집자에게 그 이유를 물어보았더니 이렇게 답해 주었다. "죄라는 용어가 어린아이에게 잘못된 자아상을 심어줄 수 있다고 판단했기 때문입니다."

그러나 진정 중요한 것은 정확하고 참된 자아상을 갖는 것이다. 성경은 우리가 하나님의 형상으로 지어진 귀한 존재라고 가르친다. 모든 인간은 하나님의 형상으로 만들어졌기 때문에 지극히 존엄하다. 그렇지만 죄로 인해 인간은 존엄성을 잃고 말았다.

죄의 심각성을 인정하지 않으면, 결코 하나님을 경외할 수 없다. 실제로는 수학 실력이 형편없으면서도 헛된 자긍심으로 만족해하던 학생들처럼 우리는 거룩하신 하나님 앞에서 형편없는 삶을 살면서도 그분을 만족시켜드릴 수 있다고 자부한다. 이는 예수님 앞에 나온 부자 관원의 모습과 꼭 닮았다(눅 18:18-23).

젊은 부자 관원은 마음이 몹시 들떠 있었다. 예수님이 하나님 나라에 관해 말씀하시는 것을 듣고 깊은 관심을 보였다. 그는 예수님께 "선한 선생님이여 내가 무엇을 하여야 영생을 얻으리이까?"라고 물었다. 영원한 삶에 관한 가르침에 깊이 매료된 것이 분명했다. 영원한 삶에 관심이 있었던 그는 즉시 그런 생명을 얻고 싶었다. 예수님은 그를 어떻게 대하셨는가? 예수님은 그를 바라보시더니 이렇게 대답하셨다. "네가 어찌하여 나를 선하다 일컫느냐 하나님 한 분 외에는 선한 이가 없느니라."

비평가들은 이 구절을 근거로 예수님의 죄 없으심을 반박한다. 예수님이 자신의 선하심과 신성을 부인하셨다고 주장하는 것이다. 그러나 예수님은 결코 그런 의도로 말씀하지 않으셨다. 부자 관원은 자기 앞에 계신 예수님이 어떤 분인지 알지 못했다.

예수님은 바로 그 점을 지적하신 것이다. 그는 예수님께 자신만만한 태도로 나왔지만, 선에 대한 그의 이해는 지극히 피상적이었다. 아마 그는 아첨을 하면서 예수님을 우쭐하게 만들려고 했는지도 모른다. 하지만 예수님은 우쭐하시기는커녕, 오히려 그의 자신만만한 태도를 고치기 위해 "네가 어찌하여 나를 선하다고 하느냐 하나님 한 분 외에는 선한 이가 없느니라"고 말씀하셨다.

부자 관원은 예수님이 인간의 몸을 입으신 하나님이라는 사실을 알지 못했다. 자기 앞에 계신 분이 하나님이라는 사실을 알지 못했기 때문에 선에 대한 그의 이해도 지극히 피상적일 수밖에 없었다. 예수님은 선에 대한 그의 단순한 이해를 직접 교정해 주려고 하지 않으셨다. 그보다는 소크라테스의 방식대로 일련의 질문을 던져 스스로 깨닫게 하는 방법을 사용하셨다. 예수님은 그에게 율법, 곧 십계명을 말씀하셨다.

네가 계명을 아나니 간음하지 말라, 살인하지 말라, 도둑질하지 말라, 거짓 증언 하지 말라, 네 부모를 공경하라 하였느니라(눅 18:20).

이 말씀을 들은 부자 관원은 매우 실망한 것 같다. 그는 예수님이 뭔가 심오한 영적 비결을 말씀해 주실 줄로 기대했다. 예수님이 보통 랍비들처럼 "살인하지 말라, 도둑질하지 말라, 간음하지 말라, 율법을 지키라"는 식으로 말씀하실 줄은 꿈에도 생각하지 못했다. 그는 즉시 "이것은 내가 어려서부터 다 지키었나이다"라고 대답했다.

이 말에 예수님은 이렇게 말씀하실 수도 있었다. "내가 산상설교를 전할 때 너는 그곳에 없었구나. 나는 산상설교를 통해 율법의 온전한 의미를 이미 설명했단다. 내가 가르친 대로 율법을 이해했다면 너는 오늘 아침부터 지금까지 율법을 단 한 가지도 제대로 지킨 것이 없다는 것을 이해했을 것이다." 그러나 예수님은 그렇게 하지 않으셨다. 율법을 제대로 지키지 못했다고 그를 꾸짖지 않으셨다. 대신 그가 진정으로 "나 외에 다른 신을 네게 두지 말라"고 한 십계명의 첫 번째 계명을 지킬 수 있는지를 시험해 보고자 하셨다.

예수님은 그에게 가진 재산을 모두 팔아서 가난한 사람들에게 나누어주라고 명령하셨다. 그 말씀에 부자 관원은 슬픈 기색을 보이며 돌아갔다. 그는 큰 부자였기 때문이다. 결국 그는 십계명의 첫 번째 계명도 통과하지 못했다.

오늘날 세상과 교회 안에 젊은 부자 관원과 같은 사람이 얼마나 많은지 모른다. 십계명을 다 지켰기 때문에 무사히 하늘나라에 갈 수 있을 것이라고 생각하는 사람이 많다. 그들은 율법을 지켜서는 결코 하나님이 요구하시는 의의 기준에 이를 수 없다는 사실을 알지 못한다(갈 2:16 참조). 율법을 지켜서 하늘나라에 갈 수 있다고 생각한다면, 우리는 자기 꾀에 속아 넘어갈 수밖에 없다. 율법으로 살려고 하는 자는 율법에 의해 죽음을 당하고 말 것이다.

완전을 요구하시는 하나님

최근에 한 여성과 대화를 나누었다. 그 여성은 여섯 살인 아들과 나눈 대화를 들려줬다. 복음 전도에 열정을 가지고 있던 그는 아들에게 "얘야, 너는 나중에 죽으면 하늘나라에 갈 거라고 생각하니?"라고 물었다. 그러자 아이는 자신만만한 태도로 그렇다고 대답했다. 그는 아들을 좀 더 시험해 볼 작정으로 이렇게 물었다. "그래? 네가 지금 하나님 앞에 서 있다고 생각해 보자. 하나님이 네 눈을 바라보시며 '내가 왜 너를 하늘나라에 올 수 있게 허락해 줄 거라고 생각하느냐?'라고 물으신다면 어떻게 대답하겠니?"

아이는 잠시 생각에 잠기더니, 곧 엄마를 올려다보며 대답했다. "음, 만일 하나님이 그런 질문을 하시면요, '제가 착하게 살려고 열심히 노력했기 때문이지요'라고 대답할래요." 그런데 그 말을 한 뒤, 아이 얼굴에 잠시 당혹한 기색이 스쳐 지나갔다. "음, 그런데요……, 나는 그렇게 착하지 않아요."

비록 여섯 살짜리 아이와의 대화지만 많은 깨달음을 준다. 우리는 대부분 열심히 노력하고 최선을 다해 착하게 살면 하늘나라에 갈 수 있다고 생각한다. 그러나 하나님의 완전하심과 인간의 타락에 관한 지식이 부족한 어린아이조차도 그런 대답을 하면서 머뭇거릴 수밖에 없었다. 아이는 아무리 노력한다 해도 하나님께 인정받을 수 있을 만큼 착하게 살 자신이 없었다.

사실 인간은 "나는 그렇게 착하지 않아요"라는 대답조차 할 수 없는 존재다. 우리는 선한 것과 거리가 멀다. 우리 자신의 행위를 근거로 거룩하신 하나님의 심판을 모면할 수 있다는 생각은 한마디로 큰 착각이다. 그런데 어리석게도 우리는 종종 그와 같은 착각에 빠져버린다.

하나님이 "내가 왜 너를 하늘나라에 올 수 있게 허락하리라고 생각하느냐?"고 물으신다면 어떻게 대답할 것인가? 어떻게 우리는 거룩하신 하나님 앞에 설 수 있을 것인가? 여기에서 인간의 타락을 생각하지 않을 수 없다. 여섯 살짜리 아이는 착해지려고 노력했지만, 결코 자신이 하나님께 인정받을 만큼 착해질 수 없다고 고백했다.

이러한 아이의 깨달음은 지극히 피상적인 것에 지나지 않는다. 사실 아이는 자신이 하나님과 얼마나 멀리, 얼마나 깊게 단절되어 있는지를 정확히 이해하지 못한다. 아이의 말에는 인간이 약간의 결함을 지닐 뿐이라는 의미가 담겨 있다.

우리는 완전한 사람은 없다고 인정한다. 사람들에게 자신을 죄인이라고 생각하느냐고 묻는다면 대부분 그렇다고 대답할 것이다. 사람들은 종종 "아무도 완전한 사람은 없다"고 말한다. 이런 생각 때문에 자신이 죄인이라는 사실을 별로 심각하게 받아들이지 않는다. 사람들은 "실수는 인간의 몫이고, 용서는 신의 몫이다"라는 말을 믿고 싶어한다. 이 말에는 하나님이 신이시기 때문에 우리를 용서해야 할 의무가 있다는 전제가 깔려 있다.

하나님을 두려워하지 않는 인간

우리는 하나님이 요구하시는 의의 수준을 알지 못한다. 하나님이 우리에게 요구하시는 의는 완전한 의다. 그러므로 우리는 그분이 요구하시는 의에 결코 이를 수 없다. 하나님의 거룩하심을 알지 못하면 죄가 무엇인지도 알 수 없다. 우리는 각자 자기 눈에 옳게 보이는 대로 행하는 문화 속에 살고 있기 때문에 하나님의 관점에서 선을 생각하지 못한다.

로마서 3장에서 바울은 인간의 타락한 본성을 이야기한다.

> 기록된 바 의인은 없나니 하나도 없으며 깨닫는 자도 없고 하나님을 찾는 자도 없고 다 치우쳐 함께 무익하게 되고 선을 행하는 자는 없나니 하나도 없도다 그들의 목구멍은 열린 무덤이요 그 혀로는 속임을 일삼으며 그 입술에는 독사의 독이 있고 그 입에는 저주와 악독이 가득하고 그 발은 피 흘리는 데 빠른지라 파멸과 고생이 그 길에 있어 평강의 길을 알지 못하였고 그들의 눈앞에 하나님을 두려워함이 없느니라 함과 같으니라(롬 3:10-18).

"그들의 눈앞에 하나님을 두려워함이 없느니라"는 것이 바울의 결론이다. 우리는 진정 하나님을 두려워하는가? 그분을 공경하는 마음이 있는가? 바울의 말이 전혀 생소하게만 느껴지는가? 하나님은 우리를 창조하셨다. 우리를 그분 형상으로 지으셨다. 인간이 하나님의 형상으로 창조되었다는 것은 창조주 하나님을 공경해야 하며, 또한 그렇게 할 수 있는 능력이 주어졌다는 뜻이다. 하나님은 영광과 존귀와 찬양을 받으시기에 합당한 분이다. 인간에게는 하나님께 영광과 존귀와 찬양을 드려야 할 도덕적 책임이 있다.

그러나 우리는 더 이상 하나님을 두려워하지 않는다. 매우 오랫동안 그분께 불순종했기 때문이다. 오히려 하나님을 비웃으며, 그분이 우리의 털끝 하나 건드리지 못하실 것이라고 생각한다. 우리의 죄는 이 정도로 심각하다. 단순히 어쩌다가 실수를 저지르는 바람에 하나님과의 관계가 단절되어 그분을 두려워하지 않게 된 것이 아니다. 우리는 본질상 하나님의 원수가 되고 말았다.

우리는 타락한 세상에 태어났다. 또한 아담 안에서 타락했기 때문에 부패한 본성을 지니고 태어난다. 이것이 바로 "원죄"다. 원죄는 아담과 하와가 지은 죄를 가리키는 것이 아니다. 바로 아담과 하와가 지은 죄의 결과를 가리킨다. 즉 원죄는 우리의 본성 안에 존재하는 죄의 성향을 말한다. 이러한 죄성에서 온갖 범죄가 비롯된다. 다른 말로 하면, 우리는 죄인이기 때문에 죄를 짓는다. 인류가 타락한 이후로 지금까지 인간의 본성은 점점 악해지고 있다. 나는 죄인이기 때문에 죄를 짓는다. 다윗은 "내가 죄악 중에서 출생하였음이여 어머니가 죄 중에서 나를 잉태

하였나이다"(시 51:5)라고 말했다.

"오, 주님. 저희를 지으신 것은 주님을 위함이옵니다. 주님 안에서 안식을 찾을 때까지 우리 마음은 결코 평화를 얻을 수 없나이다"라는 아우구스티누스(어거스틴)의 기도는 유명하다. 하지만 신학 역사상 가장 심각한 논쟁을 불러일으킨 아우구스티누스의 기도는 따로 있다.

아우구스티누스는 "하나님, 우리에게 명령하신 것을 허락하옵소서. 주님이 원하시는 것을 명령하소서"라고 기도했다. 이 기도는 앞의 기도에 비해 많이 알려져 있지 않다. 어떤 신학자의 설명에 따르면, 역사적인 논쟁을 불러일으킨 대목은 "주님이 원하시는 것을 명령하소서"가 아니라, "우리에게 명령하신 것을 허락하옵소서"라는 부분이다. 왜 그는 우리에게 명령하신 것을 허락해 달라고 기도했을까?

아우구스티누스는 인간의 부패한 본성을 극복하려고 노력했다. 하나님은 "완전하라"고 명령하신다. 그분은 완전을 요구하신다. 그러나 인간은 자신의 힘과 능력으로 하나님의 요구를 이행할 수 없다. 부패한 본성을 지니고 태어나기 때문이다. 하나님이 은혜를 베푸셔서 그분이 요구하신 것을 행하게 하실 때만 우리는 비로소 그분께 복종할 수 있다. 아우구스티누스는 바로 이 점을 염두에 두고 "우리에게 명령하신 것을 허락하소서"라고 기도한 것이다.

한 수도사가 아우구스티누스의 이 기도문에 이견을 제시하고 나서면서 커다란 신학적 논쟁이 일어났다. 그의 기도문에 반발한 수도사의 이름은 펠라기우스였다. 펠라기우스는 하나님이 불가능한 것을 명령하지 않으신다고 주장했다. 하나님이 완전함을 요구하신 사실 자체가 우리에게 완전한 의를 이룰 능력이 존재한다는 뜻이라는 것이 그의 지론이었다.

펠라기우스는 비록 인간은 타락했지만 완전에 이를 수 있는 능력을 상실하지는 않았다고 말했다. 하나님이 타락한 우리 죄인들에게 완전함을 요구하셨다면, 그것은 곧 완전한 의를 이룰 수 있는 능력이 우리에게 있다는 사실을 입증한다. 펠라기우스는 은혜란 완전한 의를 좀 더 쉽게 이룰 수 있도록 돕는 것일 뿐 반드시 필요한 것은 아니라고 주장했다. 한마디로 우리 스스로 완전해질 수 있다는 것이 그의 주장이었다.

부서지기 쉬운 인간의 자아

아우구스티누스와 교회는 이와 같은 사상을 단호히 거부했다. 우리는 스스로 죄를 극복할 수 없는 죄인이다. 우리에게 진정 구세주가 필요한 이유는 바로 죄의 심각성 때문이다. 우리는 장차 다가올 진노로부터 우리를 구원해 줄 수 있는 누군가가 필요하다.

아무리 훌륭한 행위라도 하나님의 의의 기준을 만족시키기에는 부족하다. 아우구스티누스는 가장 훌륭한 행위조차도 "겉만 근사한 악"에 지나지 않는다고 말했다. 우리는 자신의 행위를 높이 평가하려는 그릇된 성향을 지니고 있다. 우리는 우리 자신과 다른 사람을 비교한다. 다른 사람들이 우리보다 죄를 더 많이 짓는 것처럼 보이는 한, 우리는 스스로 도덕적이라고 생각하고 만족한다. 그러나 그것은 바울의 말대로 매우 어리석은 생각이다.

> 우리는 자기를 칭찬하는 어떤 자와 더불어 감히 짝하며 비교할 수 없노라 그러나 그들이 자기로써 자기를 헤아리고 자기로써 자기를 비교하니 지혜가 없도다 그러나 우리는 분수 이상의 자랑을 하지 않고 오직 하나님이 우리에게 나누어주신 그 범위의 한계를 따라 하노니(고후 10:12, 13).

우리 자신의 관점으로 스스로를 판단하고, 자신의 기준으로 스스로를 헤아리는 한, 우리의 자긍심은 언제 무너질지 모른다.

그러나 하나님이 요구하시는 완전한 의를 깨닫는 순간, 우리의 자긍심은 여지없이 부서져버릴 것이다. 그런 경우에는 천하의 그 무엇도 우리를 회복시킬 수 없다.

세상의 수단과 방법을 의지해서는 하나님의 진노로부터 우리를 구원할 수 없다. 우리를 구원하기 위한 다른 처방이 필요하다. 우리는 속죄, 곧 십자가가 필요하다.

Saved By What?

Part 2

무엇에 의해 구원받는가

Saved By What?

Chapter · 3

무엇에 의해 구원받는가

하나님에 의해, 하나님의 진노로부터 구원받는다는 사실은 기독교 신앙의 가장 큰 역설이다. 거룩하신 하나님은 결코 죄를 눈감아주지 않으신다. 그분의 공의가 충족되기를 원하신다. 하나님은 진노와 심판을 받을 수밖에 없는 타락한 인간을 위해 영원 전부터 구원을 계획하셨다. 그분은 그리스도의 구속 사역을 통해 위대한 구원을 이루셨다. 그리스도의 구속 사역은 구원 역사의 정점이다.

기독교 신앙의 핵심

가끔씩 나는 매디슨 스트리트의 광고업자들이 들이는 노력에 놀라움을 금치 못한다. 미국의 사업가들에게 "광고는 반드시 이윤을 가져 온다"는 말은 타협할 수 없는 자명한 원칙이다. 나는 그 생각을 논박할 수도 있다. 그러나 그 생각을 논박하는 순간에도, 나는 광고에서 본 셔츠를 입고 광고에서 본 신발을 신고 있다. 심지어 광고에서 본 차를 몰고 한 장소에 와서 광고에서 본 펜으로 이 글을 쓰고 있다.

사업가들은 자기 회사의 주식 가격을 올리려고 경쟁한다. 그들은 시장에서 자기 회사가 인정받기를 갈망한다. 특별한 상품이나 회사의 로고, 이미지, 브랜드, 상징 등을 개발하고 디자인하는 데만 해마다 수십억 달러의 돈이 지출된다. 사람들은 메르세데스 벤츠를 살 능력은 없지만 부의 상징물이라도 소유하고 싶은 욕심에 보닛에 달린 장식물을 훔쳐가기도 한다.

사업 세계에서 신앙 세계로 화제를 바꾸어보자. 가장 널리 알려진 기독교의 상징은 바로 십자가다. 십자가는 예수 그리스도의 구원 사역을 요약적으로 보여주며, 그리스도가 당하신 고난의 깊이를 드러낸다. 십자가는 기독교 신앙의 핵심이다. 이 때문에 바울은 "예수 그리스도와 그가 십자가에 못 박히신 것 외에는 아무것도 알지 아니하기로 작정하였음이라"(고전 2:2)고 말했다.

바울은 그림물감이나 끌이나 돌 대신에 언어를 사용하여 놀라운 예술적 업적을 이루었다. 렘브란트나 미켈란젤로는 인물화를 그릴 때 그 인물됨을 한눈에 요약적으로 보여줄 수 있는 포인트를 찾기 위해 수없이 많은 그림을 스케치했다. 예를 들어 미켈란젤로는 다윗을 그리면서 특정한 포즈에 초점을 맞추어 그 인물됨과 생애를 요약하려고 했다. 마찬가지로 바울은 그리스도의 삶과 사역을 십자가로 표현하고자 했다.

바울의 모든 기록은 예수님의 구속 사역에 초점을 맞추었다. 예수님은 구속 사역을 이루기 위해 태어나셨으며, 그것을 위해 고난의 세례를 받으셨다. 예수님의 십자가 사역은 영원 전부터 작정된 것이었으며, 그분의 생애는 십자가의 고난을 위한 것이었다. 예수님은 땀방울이 핏방울이 될 정도로 큰 고통을 당하셨다. 십자가의 죽음은 예수님의 생애에서 정점을 이루었다.

처음으로 복음을 들은 1세기 그리스도인들처럼 신약성경을 읽는다면, 우리는 그리스도의 십자가와 부활, 승천이 신약 교회의 설교와 가르침, 교리 교육의 핵심이었다는 사실을 분명히 알게 될 것이다. 한마디로 십자가는 기독교 신앙의 핵심이다. 따라서 우리는 성경이 말하는 십자가의 의미를 이해할 수 있어야 한다. 모든 세대가 십자가의 의미를 알아야 한다. 우리 세대는 특히 더욱 그렇다.

십자가에 담긴 의미

2,000년의 기독교 역사 가운데 우리 시대만큼 십자가의 의미와 중요성과 필요성을 격심하게 논쟁한 시대는 없었다. 우리 시대만큼 구속의 필요성을 문제시한 때도 없었다. 물론 역사적인 관점에서 보면, 그리스도의 십자가를 필요 없는 사건으로 생각한 신학 사상들이 출현한 적도 더러 있다. 그런 신학을 주장한 학자들은 십자가 사건이 나름대로 가치를 지니고 있기는 하지만, 반드시 필요한 것은 아니라고 주장했다.

기독교에서 주장하는 진리가 터무니없기 때문이 아니라 그리스도가 필요하다고 생각하지 않기 때문에 그리스도인이 되지 않겠다고 말하는 사람이 많다. "기독교의 진리는 사실일 수도 있고 아닐 수도 있어요. 어쨌든 나는 개인적으로 예수 그리스도가 필요하다고 느끼지 않아요." "교회에 왜 가야 하죠?" "나는 기독교가 필요 없어요." 이런 말을 들을 때면 마음에서 깊은 탄식이 저절로 새어 나온다. 이런 태도를 고집하는 사람들이 당하게 될 결과를 생각할 때 두려움을 느끼지 않을 수 없다.

그리스도의 실체와 그분의 구원 사역을 진정으로 이해하게 된다면 모든 사람이 그리스도를 필요로 할 것이며, 그리스도 없이는 하나님의 진노로부터 구원받을 수 없다는 사실을 분명히 알게 될 것이다.

얼마 전에 한 쇼핑몰을 찾은 적이 있다. 그곳에서 우연히 대형서점에 들렀는데, 선반마다 세속적인 책들이 가득 꽂혀 있었다. "소설", "비소설", "비즈니스", "스포츠", "자기 계발", "성과 결혼" 등 분야별로 수많은 책이 진열되어 있었다. 나는 서점 한 귀퉁이에서 "종교"라고 적힌 코너를 발견했다. 그 코너는 선반이 네 칸 정도밖에 되지 않았다. 서점에서 가장 작은 코너였다. 선반에 진열된 책들마저도 고전적인 정통 기독교와는 거리가 멀었다.

'도대체 이 서점은 왜 소설과 자기 계발에 관한 책들만 팔고 있는 것일까? 성경의 진리를 왜 귀중하게 생각하지 않는 것일까?' 그 순간, 서점 주인들은 복음 전도 차원이 아니라 사업 차원에서 서점을 운영할 수밖에 없겠다는 생각이 들었다. 그들은 이윤을 남기기 위해 장사할 뿐이다. 그들이 기독고 도서를 판매하지 않는 이유는 "그리스도의 속죄 사역에 관해 알고 싶어요. 좋은 책이 없을까요?"라고 묻는 사람이 많지 않기 때문이다.

나는 '아마도 기독교 서점에 가면 그리스도의 속죄에 관한 책을 찾을 수 있을 거야'라고 생각했다. 하지만 그렇지 않았다. 기독교 서점에도 그리스도의 십자가에 관한 책은 별로 없었다. 쇼핑몰에 앉아 지나가는 사람들을 지켜보며 나는 생각에 잠겼다. 내 앞을 지나는 수많은 사람이 기본적으로 속죄가 필요 없다고 생각하기 때문에 속죄 문제에 관심을 기울이지 않는다는 생각이 들자 갑자기 두려워졌다.

오늘날 사람들은 속죄가 필요하다고 느끼지 않는다. "어떻게 하나님과 화해할 수 있을까? 어떻게 하나님의 심판을 피할 수 있을까?"라는 절실한 물음을 던지지 않는다.

사람들은 인간이 하나님 앞에서 자신의 삶을 책임져야 한다고 생각하지 않는다. 만약 사람들이 갑자기 정신이 들어 '장차 나는 창조주 하나님 앞에 서게 될 거야. 그때에는 내가 해온 모든 말과 행위와 생각, 이행하지 못한 의무에 대해 그분 앞에서 책임져야 할 거야'라고 생각하게 된다면 어떤 변화가 일어날까?

물론 삶을 책임져야 한다는 생각을 갖는다고 해서 반드시 신앙을 갖게 되는 것은 아니다. 이렇게 생각하는 사람도 있을 수 있다. '그래, 나는 내 삶을 책임져야 해. 하지만 내가 어떻게 살든지 하나님은 모든 것을 이해해 주실 거야. 그분은 내가 어떤 삶을 살든 별로 관심을 기울이지 않으실 것이 분명해.' 하지만 하나님이 지극히 거룩하시며 죄는 곧 그분을 거역하는 행위라는 두 가지 사실을 이해한다면, 아마도 예배당 문을 박차고 들어와 "어떻게 구원받을 수 있나요?"라고 다급히 외치게 될 것이 분명하다.

구세주가 필요 없다고 생각하는 사람은 그리스도의 십자가와 속죄 사역의 의미를 진정으로 깨달을 수 없다. 오직 구원이 절실한 사람만이 그 의미를 알 수 있다. 이 시대 사람들은 그리스도의 속죄의 필요성을 인정하려 들지 않는다. 그러나 그렇다고 해서 구원이 필요한 인간의 현실을 부정할 수는 없다.

이 시대는 믿음으로 의롭다 함을 받는다는 교리를 더 이상 신봉하지 않는다. 그렇다고 행위로 의롭다 함을 받는다거나, 믿음과 행위가 서로 협력해 의롭다 함을 받는다는 교리를 신봉하는 것도 아니다. 요즘 우리 사회는 "죽음으로 의롭다 함을 받는다"는 이상한 교리가 신봉되고 있다. 다시 말해, 사람들은 죽기만 하면 무조건 하나님의 영원하신 품 안에 안길 수 있는 것처럼 믿는다. "의롭다 함을 받는 데 필요한 것은 죽음밖에 없다. 죽으면 모든 죄가 사라진다. 그러므로 속죄 따위는 필요하지 않다"는 것이 이 시대의 생각이다.

한 동료 신학자는 교회 역사를 더듬어보면 세 가지 기본적인 신학 사상이 존재한다는 것을 알 수 있다고 말한다. 즉 다양한 뉘앙스를 지닌 수많은 신학 사상이 존재하지만, 결국 그 뿌리를 추적하면 세 가지 중 하나로 귀결된다는 것이다. 그 세 가지 신학 사상이란 "펠라기우스주의", "반(半)펠라기우스주의", "아우구스티누스주의"다. 동서양 교회를 막론하고 모든 신학 사상은 이 세 가지 중 하나에 속한다.

반펠라기우스주의와 아우구스티누스주의는 교회라는 한 울타리 안에서 성경 해석과 신학 사상을 둘러싸고 서로 이견을 내세우며 논쟁을 벌인다. 반면, 펠라기우스주의는 교회 내에서 벌어지는 논쟁에 국한되지 않는다. 펠라기우스주의는 좋게 봐주면 기독교의 아류 사상에 속한다고 할 수 있고, 엄격히 판단하면 반(反)기독교적인 사상이다.

4세기경에는 펠라기우스주의라는 이름으로, 6세기와 7세기에는 소시니우스주의라는 이름으로, 오늘날에는 자유주의라는 이름으로 그 모습을 변신시켜온 이 사상은 사실 본질적으로 반(反)기독교적이다. 근본적으로 예수 그리스도의 속죄를 부인하고 있기 때문이다(이 사상들은 십자가를 하나님의 공의를 만족시키는 행위로 보지 않는다). 정통 기독교는 그리스도의 속죄를 기독교 신앙의 필수 요소로 인정한다. 따라서 십자가의 구속 사역을 제외하는 것은 곧 기독교를 파괴하는 행위나 다름없다.

물론 펠라기우스주의와 소시니우스주의와 자유주의도 나름대로 그리스도의 십자가에 담긴 의미를 해석한다. 그들은 십자가에서 죽으신 그리스도를 인류를 위한 도덕적 표상으로 생각한다. 그들에게 그리스도는 인류를 위한 헌신과 자기희생의 가치를 일깨워준 실존적인 영웅이다. 그러나 십자가의 의미를 도덕적인 가치에 국한시키는 것은 속죄의 의미를 온전히 드러내 주지 못한다.

신학교 시절에 있었던 일이다. 한 학생이 설교학 시간에 그리스도의 십자가를 주제로 설교한 것이 기억난다. 그는 예수 그리스도를 우리를 위해 죽임 당하신 어린양으로 제시했다. 설교를 마치자 설교학 교수는 크게 분노하면서 학생이 연단에서 내려오기도 전에 대놓고 비난의 포문을 열었다. "지금 같은 시대에 어떻게 대리속죄설과 같은 사상을 설교할 수 있나?" 그는 한 사람이 다른 사람의 죄를 대신 짊어지고 희생한다는 대리속죄설을 케케묵은 옛 생각으로 여겼다. 그리고 십자가가 하나님과 화해할 수 있는 수단이라는 사실을 단호히 부인했다.

신약성경에서 그리스도의 구속 사역을 제거해 버린다면 도덕주의밖에 남지 않는다. 도덕주의는 지극히 보편적인 생각일 뿐이며, 사람들의 헌신을 이끌어내기에는 설득력이 약하다. 펠라기우스주의와 자유주의 안에는 구원도, 구세주도 없다. 구원이 필요하다는 확신이 없기 때문이다.

십자가가 왜 필요한가

앞에서 세 가지 기본적인 신학 사상이 존재한다고 말했듯이, 속죄의 필요성에 관해서도 역시 세 가지 기본적인 견해가 존재한다. 소시니우스주의자와 펠라기우스주의자는 속죄가 전혀 필요하지 않다고 믿는다. 이들은 속죄가 "가설적으로" 필요할 뿐이라고 말한다.

이 말이 무슨 뜻인지 잠시 생각해 보자. 속죄의 "가설적" 필요성이란, 하나님이 우리를 구원할 수 있는 많은 방법 가운데서 십자가를 선택하셨다는 견해를 말한다. 바꾸어 말하면 하나님이 구원 방법으로 속죄를 선택하셨지만 다른 방법으로도 얼마든지 우리를 구원하실 수 있었다는 말이다. 하나님은 인간의 죄를 그냥 간과하실 수도 있었다. 그러나 무언가 극적인 일을 행하기로 결정하시고 그 일을 위해 스스로를 헌신하셨다. 속죄가 필요하게 된 이유는 하나님이 속죄를 위해 헌신하기로 결정하셨기 때문이다.

이 논리에 따르면 결국 속죄는 하나님이 만드신 언약, 곧 하나님이 정하신 방법에 따라 어떤 일을 이루시겠다는 언약 때문에 필요하게 되었다. 이러한 약속은 단순히 하나님의 호의에서 나온 것이다. 사실 그렇게까지 할 필요는 없었지만, 하나님이 그런 약속을 하신 것뿐이다. 하나님은 일단 약속을 하셨기 때문에 정하신 대로 이행하셔야 했다. 이것이 바로 속죄의 가설적 필요성에 함축된 내용이다.

그러나 정통 기독교의 견해는 다르다. 정통 기독교에 따르면 속죄는 인간의 구원을 위해 가설적이 아니라 절대적으로 필요하다. 그렇다면 속죄가 왜 절대적으로 필요한가? 이 문제는 4장에서 자세히 다룰 것이다.

본론에 들어가기 전에, 펠라기우스주의의 영향 아래 있는 한 하나님의 성품과 죄의 본성을 잘못 이해할 수밖에 없다는 사실을 분명히 밝혀두고자 한다. 하나님의 성품이나 죄의 본성을 잘못 이해하면, 속죄가 필요하지 않다는 결론에 이를 수밖에 없다.

성경은 죄의 성격을 다음과 같이 규정한다. 첫째, 죄는 빚이다. 곧 주어진 의무를 이행하지 못한 것을 뜻한다. 창조주 하나님은 우리에게 책임을 부과하셨다. 주어진 책임을 이행하지 못할 때, 우리는 하나님께 빚진 상태가 된다. 둘째, 죄는 반목이다. 창조주 하나님과의 관계가 단절된 상태를 말한다. 우리가 하나님께 죄를 지을 때, 우리와 하나님의 관계는 파괴된다. 죄를 지은 우리는 하나님을 사랑하고 그분을 위해 헌신하는 대신 그분과 반목 관계에 놓이는 것이다. 셋째, 죄는 하나님에 대한 범죄다. 다시 말해 그분의 거룩하심과 율법을 거스르는 범죄 행위다.

죄의 세 가지 기본적인 의미를 이해할 수 있어야만 하나님과의 관계를 회복하는 데 무엇이 필요한지 알 수 있다. 빚은 반드시 갚아야 하고, 반목으로 관계가 파괴되었을 경우에는 관계 회복이 필요하며, 범죄에는 마땅히 형벌이 주어진다.

Chapter · 4

구속의 드라마

속죄가 필요한 이유를 이해하기 위해 3장 마지막 부분에서 죄의 세 가지 특성을 살펴보았다. 한마디로 속죄가 필요한 이유는 죄의 세 가지 특성 때문이다. 죄의 세 가지 특성을 거듭 강조하는 이유는 그것이 구속의 드라마에 등장하는 세 명의 주인공, 곧 죄인인 인간, 성부 하나님, 구세주인 성자 하나님의 활동과 서로 밀접한 관계가 있기 때문이다.

앞서 말한 대로 죄는 1) 빚이고, 2) 반목이며, 3) 범죄다. 이런 말들이 무슨 의미를 지니는지 차례로 살펴보자. 먼저 죄가 빚이라는 말을 이해하기 위해서는 창조주이자 우주의 주권자이신 성부 하나님의 역할을 이해할 수 있어야 한다.

하나님의 주권은 다양한 측면을 지닌다. 하나님은 자연과 역사, 인간사에 절대적인 주권을 행사하신다. 주권에는 권위가 포함된다. "권위"를 뜻하는 영어 "authority"에서 "창조주"를 뜻하는 "author"라는 단어를 발견할 수 있다. 만물의 창조주이신 하나님은 피조물에 대해 권위를 지니신다. 그러므로 하나님은 만물의 소유주이시다. 그분은 피조물에게 책임을 부과하실 수 있는 고유한 권리를 가지고 계신다. 빛을 명하여 비추라고 하셨으며, 별들을 명하여 정해진 궤도를 따라 움직이게 하셨다.

요즘 사람들은 권위가 무엇인지 잘 모르는 것 같다. 합법적인 권위를 가진 사람이나 기관은 사람들에게 책임과 의무를 부과할 수 있는 권리가 있다. 나에 대해 권위를 지니는 어떤 사람이 의무를 부과할 경우, 나는 그것을 이행해야 할 책임이 있다. 한마디로 권위자는 의무를 부과할 수 있는 권리를 가진다.

하나님의 권위란 바로 이런 의미를 함축한다. 하나님은 피조물에게 의무를 부과할 수 있는 권리를 지니고 계신다. 그분은 우리에게 복종을 요구하신다.

하나님은 "내가 거룩하니 너희도 몸을 구별하여 거룩하게 하라"(레 11:44)고 명령하신다. 그분은 선거나 국민투표 같은 방법으로 통치하지 않으신다. 십계명은 "가급적 지키는 것이 좋다"는 제안이 아니다. 하나님의 계명은 반드시 지켜야 할 명령이다. 그것은 절대적 권위와 주권을 지니고 계신 하나님에게서 나온 것이기 때문이다.

빛으로서의 죄

하나님이 부과하신 의무를 이행하는 데 실패할 경우, 우리는 그분에게 빚을 지게 된다. 이때, 하나님과 우리는 채권자와 채무자의 관계가 된다. 예수님은 우리를 빚 갚을 능력이 없는 채무자에 비유하셨다. 일상적인 부채라면, 조금씩 분할하여 갚아 나갈 수 있다. 하지만 하나님의 명령에 불순종하여 지게 된 빚은 할부로 갚아 나갈 수 있는 성질의 것이 아니다.

하나님은 우리에게 도덕적인 의무를 부과하셨다. 또한 의롭게 살라고 명령하셨다. 그러면 하나님은 우리에게 어느 정도의 도덕적 수준을 요구하시는 것일까? 한마디로 죄가 없는 상태, 곧 도덕적으로 완전한 상태를 요구하신다. 우리는 마치 맥베스 부인과 같다. 그는 살인을 저지른 후, 손에 묻은 피를 씻어내려고 애썼지만 얼룩을 지울 수 없었다. 하나님은 우리에게 도덕적으로 완전한 삶을 요구하시지만 우리는 죄를 짓고 타락했기 때문에 결코 완전해질 수 없다. 우리가 짊어지게 된 죄의 부채를 갚으려면 얼마나 많은 이자를 지불해야 할지 알 수 없다.

한번 불완전한 상태로 전락해 버렸기 때문에 완전해지는 것은 불가능하다. 우리 스스로의 능력으로는 결코 완전해질 수 없다. 일단 도덕적으로 흠 있는 상태인 이상, 다시 완전해질 수는 없다. 한마디로 우리 스스로 죄의 얼룩을 없애는 일은 불가능하다. 그러나 하나님은(오직 하나님만이) 우리 죄를 없애 주실 수 있다. 이것이 바로 복음이다.

> 오라 우리가 서로 변론하자 너희의 죄가 주홍 같을지라도 눈과 같이 희어질 것이요 진홍같이 붉을지라도 양털같이 희게 되리라(사 1:18).

요즘 사람들은 "누구에게나 또 한 번의 기회가 있다"는 식으로 죄의 결과를 얼버무리려는 경향이 있다. 심지어 "누구나 또 한 번의 기회를 가질 권리가 있다"고 주장하기도 한다. 하지만 과연 그럴까? 우리는 또 한 번의 기회를 달라고 주장할 수 있을까? 정의의 엄격한 원칙에 따르면 불가능하다. 또 한 번의 기회를 가질 수 있는 것은 오직 은혜로만 가능하다. 자비와 은혜만이 우리에게 또 한 번의 기회를 제공할 수 있다.

은혜와 자비는 베풀어지는 것이지 결코 권리로서 주장할 수 있는 것이 아니다. 권리로서 주장할 수 있는 자비와 은혜는 존재하지 않는다. 피조물인 인간이 창조주인 하나님께 또 한 번의 기회를 달라고 권리를 주장할 수는 없다. 또 한 번의 기회를 주장할 수 있다고 해도 무슨 소용이 있겠는가? 아마 인간은 그 기회조차도 다시 살리지 못할 것이다.

인간을 약간의 흠집밖에 나지 않은 거의 완벽에 가까운 존재로 착각해서는 안 된다. 성경에 따르면, 인간은 전적으로 타락한 존재로서 하나님께 결코 복종할 수 없다. 인간은 이따금 작은 실수 한두 가지를 저지르는 것으로 그치는 그런 존재가 아니다. 인간의 죄는 너무 크고 심각하기 때문에 회복할 수 없다.

어떤 사람이 내게 "스프로울 씨, 당신은 만 달러를 빚졌습니다. 우리는 그 빚을 할부로 나누어 갚도록 조처하겠습니다"라고 한다면, 나는 그 빚을 충분히 감당할 수 있다. 하지만 이렇게 말한다면 어떨까? "스프로울 씨, 당신의 부채는 천억 달러입니다. 사흘 안에 그 빚을 다 갚아주셔야겠습니다." 내가 사흘 안에 천억 달러를 마련한다면 빚을 갚을 수 있을 것이다. 물론 사흘 안에 그만 한 돈을 마련할 가능성이 거의 희박하긴 하지만, 어쨌든 가능성은 존재한다.

이런 비유를 통해 하나님께 진 죄의 빚을 설명한다는 것은 사실상 별로 적합하지 않다. 비유에서는 아무리 희박하더라도 여전히 내 힘으로 빚을 갚을 수 있는 가능성이 있는 반면, 하나님께 진 죄의 빚은 스스로 갚을 수 있는 가능성이 결코 존재하지 않기 때문이다.

그리스도의 도우심 없이는 죄의 빚을 갚을 수 없다. 그리스도는 우리의 구원자이시다. 신약성경에 따르면 그리스도는 우리의 "보증"이 되신다(히 7:22 참조).

"보증"은 "빚"과 마찬가지로 경제적인 용어다. 그리스도가 우리의 보증이 되신다는 것은 우리의 빚보증을 서신다는 뜻이다. 우리가 빚을 갚을 수 없을 때, 보증인 되시는 그리스도께서 대신 갚아주신다.

반목으로서의 죄

인간은 하나님을 대적하려는 본성을 지니고 태어난다. 성경에 따르면, 우리는 하나님의 원수다. 타락한 본성을 지닌 인간은 하나님의 통치를 거부한다. 하나님이 우리를 원수 삼으신 것이 아니다. 우리가 그분과 원수가 되었다. 이런 점에서 하나님은 사실상 피해자다. 하나님은 결코 약속을 어기지 않으신다. 언약에 충실하시다. 그분은 인간을 부당하게 대하지 않으신다.

인간과의 관계에서 하나님은 자신의 책임을 완벽하게 이행하셨다. 언약을 어긴 것은 바로 우리다. 피해자는 우리가 아니라 바로 하나님이다.

이것은 기독교의 기본 진리다. 사실 주일학교 학생들도 익히 알고 있는 진리다. 이런 이유로 자칫 이 진리를 가볍게 여기기 쉽다. 우리는 우리 자신이 본질상 하나님의 원수라는 사실을 깊이 생각하지 않는다. 대부분의 사람들은 하나님을 못마땅하게 생각한다. 그들은 하나님이 자기들을 공정하게 대우하지 않는다고 여긴다. 사람들은 "어떻게 하나님은 내가 이런 일을 당하게 하실 수 있는가?"라고 불평한다. "하나님이 정말로 선하고 정의롭다면 내 공로를 인정하고 마땅히 보상해 주셔야만 해. 나는 하나님의 축복을 더 많이 받을 자격이 있어. 하나님은 공정하지 못해!" 우리 마음 깊은 곳에는 이러한 불평이 도사리고 있다.

그러나 성경에 따르면, 피해자는 우리가 아니라 하나님이다. 이 말에 이렇게 반문할 사람이 있을지도 모른다. "잠깐, 하나님은 고통을 당하지 않으세요. 고통을 당하는 것은 바로 우리입니다. 하나님은 이 세상에서 우리가 당하는 슬픔과 고통을 느끼지 않아요. 행복하시기만 하죠. 그분은 영원히 행복하시지만, 우리는 가끔 행복을 느낄 뿐 대부분은 비참하게 살아가고 있어요. 그런데 어떻게 하나님이 피해자라고 말할 수 있습니까?"

분명한 것은 약속을 어긴 당사자가 바로 우리 인간이라는 사실이다. 하나님은 완전하시다. 하나님은 우리가 약속을 어겼기 때문에 피해를 당하셨다. 이런 점에서 오히려 하나님이 부당한 대우를 받으셨다고 할 수 있다.

과연 하나님이 우리를 부당하게 대하신다고 말할 수 있을까? 우리는 다른 사람들에게 부당한 대우를 받을 수 있다. 이 세상에서는 사람들 사이에 온갖 불의가 자행된다. 다른 사람의 물건을 훔치기도 하고, 서로에게 거짓말을 하기도 하고, 서로를 속이고 해치기도 한다. 수평적인 관계에서 보면, 이 세상에는 온갖 종류의 불의가 존재한다.

그러나 하나님과 인간의 수직적인 관계에서 불의가 존재한다고 말할 수 있을까? 누군가 나에게 피해를 입혀 부당한 희생을 당하게 되었다면, 나는 "하나님, 저를 옹호해 주시고 이 원수를 대신 갚아주십시오. 정의롭지 못한 인간들의 손에서 저를 구원해 주십시오"라고 말할 수 있다. 하지만 "하나님이 저 사람을 시켜 제게 부당한 피해를 입히셨습니다. 그러므로 이것은 모두 하나님의 잘못입니다. 이 일은 하나님과 저의 수직적인 관계에서 발생한 일이니 하나님이 책임지셔야 합니다"라고 말할 수는 없다. 이 세상에서 어떤 고통을 당한다 해도 그것을 빌미로 하나님을 원망할 수는 없다.

피해자는 우리가 아니라 하나님이다. 이때 그리스도는 중보자 역할을 하신다. 중보자는 어떤 역할을 할까? 중보자의 위치는 어디일까? 중보자는 중간에서 양쪽 입장을 중재하는 역할을 한다. 사실 중보자의 역할은 매우 어렵다. 서로 반목 관계에 놓여 있는 두 당사자 사이에서 격렬한 논쟁을 중지해야 한다. 마치 서로 싸우는 두 사람을 중재하는 심판관과 같다. 이런 점에서 중재자는 양쪽에서 벼락같이 쏟아지는 열띤 주장을 흡수하는 인간 피뢰침이나 다름없다.

중재의 목적은 양쪽을 화해시키는 것이다. 화해란 기독교의 핵심 진리 가운데 하나다. 노사분규가 일어났을 때를 생각해 보자. 중재의 목적은 노사 양측을 화해시키는 데 있다. 중재자는 양측을 한자리에 불러 앉힌 뒤 각자에게 주어진 계약상의 의무를 이행하도록 권고하여 화해를 유도한다. 화해할 필요가 없는 경우에는 중재자가 필요하지 않다. 화해는 분쟁이 일어났을 때, 즉 관계가 파괴되었을 때만 필요하다.

성경은 하나님과 인간의 관계가 죄로 인해 파괴되었다고 가르친다. 하나님과 인간의 관계가 소원해졌다. 따라서 화해가 필요하다. 그리스도는 중보자로서 하나님과 인간의 깨어진 관계를 회복하기 위해 오셨다. 그리스도는 우리의 중보자이시다. 바울은 이렇게 말했다.

> 하나님은 한 분이시요 또 하나님과 사람 사이에 중보자도 한 분이시니 곧 사람이신 그리스도 예수라 그가 모든 사람을 위하여 자기를 대속물로 주셨으니(딤전 2:5, 6).

그리스도는 깨어진 관계를 중재하기 위해 오셨다. 그렇다면 하나님과 인간 중에 화를 낼 처지는 누구이고, 관계를 깨뜨린 장본인은 누구인가? 관계를 깨뜨린 장본인은 두말할 것도 없이 인간이다. 우리는 하나님께 불순종하여 그분과 반목의 관계를 초래했다.

그러면 하나님은 어떤가? 하나님이 관계를 깨뜨리셨다고 말할 수 있는가? 하나님이 우리에게 화를 내셔야 할 상황이지 않은가? 이런 질문을 던지면 사람들은 대부분 목석처럼 입을 굳게 다물고 아무런 대답도 하지 않는다. 그렇다면 사람들의 침묵은 하나님이 우리에게 화를 내셔도 마땅하다는 사실을 인정하는 것인가?

결코 그렇지 않다. 사람들은 "하나님은 실망하실 수 있어도 화를 내지는 않으신다"고 생각하는 경향이 있다. 다시 말해, 사람들은 하나님이 분노하신다는 사실을 믿으려고 하지 않는다. 그러나 성경은 하나님이 우리의 범죄를 불쾌하게 여기시며, 피해를 당한 입장에서 우리 죄에 분노하신다고 가르친다.

하나님이 분노하신다는 사실을 인정하지 않는 사람이 많지만, 성경은 하나님이 분노하신다고 분명히 가르친다. 그러나 하나님의 분노만 지나치게 강조하면 또 다른 극단에 치우칠 가능성이 있다. 어떤 사람들의 주장에 따르면, 분노를 이기지 못한 성부 하나님은 마치 성난 말벌처럼 인간을 공격하려고 하는 반면 성자 하나님은 타락한 인간의 편에 서서 사랑과 인내와 긍휼로 성부 하나님의 분노를 달래신다. 이는 성자 하나님이 중보자가 되어 성부 하나님이 분노를 누그러뜨리도록 설득한다는 견해다.

이 견해는 성부 하나님과 성자 하나님 사이의 긴장 관계(즉 불일치)를 인정하는 오류를 범한다. 다시 말해 이 견해는 성부 하나님의 생각이 따로 있는데, 성자 하나님이 그분을 설득해 생각을 바꾸게 하셨다는 논리를 바탕으로 한다. 성부 하나님은 인간의 죄에 격분하여 모두 지옥으로 보내 벌하실 생각이셨지만, 성자 하나님이 개입하셔서 그렇게 하지 말라고 성부 하나님을 설득했다는 논리다.

이런 논리에 따르면, 예수님이 이렇게 말씀하신 셈이다. "제가 그들 대신 벌을 받게 해주세요. 말로만 중재자의 역할을 하기보다 차라리 제가 아버지의 분노를 모두 당하겠습니다. 저들을 벌하지 마시고 저를 벌해 주세요. 제가 저들을 대신해 모든 벌을 감당하겠으니, 제게 아버지의 분노를 쏟아 부으세요."

이런 견해는 참으로 터무니없어 보인다. 그러나 신학자들 가운데는 어려운 신학 용어를 사용해 이와 같은 견해를 피력하는 사람이 많다. 아울러 이러한 견해는 신학자뿐 아니라 평신도들 가운데도 널리 퍼져 있다.

나는 복음주의 기독교인들이 왜 성자 하나님만 강조하는 일신론적인 성향을 띠는지 궁금할 때가 많다. 예수님을 향해서는 온갖 열정과 사랑을 쏟아 부으면서도 성부 하나님에게는 무관심한 기독교인이 많다. 신학적인 연구도 대부분 예수님에게 초점이 맞추어져 있고, 예배나 예전도 예수님 중심인 경우가 많다. 우리는 마치 이렇게 생각하는 것 같다. "우리와 관계가 있는 분은 예수님이야. 성부 하나님은 별개의 문제지. 우리는 성부 하나님을 여전히 경계하고 조심해야 해. 성부 하나님은 분노가 가득한 분이거든."

이런 식의 사고는 처음에 중보자를 보내기로 계획하신 분이 바로 성부 하나님이라는 사실을 망각하는 것이다. 예수님은 자신의 결정에 의해 중보자가 되신 것이 아니다. 성부 하나님이 세상을 이처럼 사랑하사 독생자를 주셨다. 성경에는 "독생자를 보내셨다", "독생자를 주셨다"라는 표현이 많이 나온다. 우리를 구원하기 위해 성부 하나님이 성자 하나님을 보내주신 것이다.

> 아버지께서는 모든 충만으로 예수 안에 거하게 하시고 그의 십자가의 피로 화평을 이루사 만물 곧 땅에 있는 것들이나 하늘에 있는 것들이 그로 말미암아 자기와 화목하게 되기를 기뻐하심이라 전에 악한 행실로 멀리 떠나 마음으로 원수가 되었던 너희를 이제는 그의 육체의 죽음으로 말미암아 화목하게 하사 너희를 거룩하고 흠 없고 책망할 것이 없는 자로 그 앞에 세우고자 하셨으니(골 1:19-22).

범죄로서의 죄

죄는 범죄적 특성을 지닌다. 하나님은 통치자이자 재판관이시다. 그분은 정의로 다스리는 재판관이시다. 궁극적인 의와 정의의 기준은 바로 하나님 자신이시다. 하늘과 땅의 재판관은 성부 하나님이시다. 그리스도는 구원 역사를 이루는 과정에 있을 때에는 재판관의 역할을 하지 않으신다. 하지만 부활 승천하신 뒤에는 만물을 심판하는 재판관의 자리에 오르신다. 반면에 세상에 오신 그리스도는 심판 아래 오셨다. 그리고 제사장 겸 희생제물이 되셨다. 그분은 우리 대신 심판을 받기 위해 오신 것이다.

여기에서 우리는 경제적 부채와 범죄로 인한 부채의 차이를 구별해야 한다. 범죄도 일종의 부채, 곧 도덕적 부채다. 경제적 부채와 도덕적 부채는 둘 다 빚이라는 차원에서 공통점을 가진다. 하지만 이 둘 사이에는 중요한 차이가 있다. 다음과 같이 가정해 보자.

어느 날, 나는 아이스크림 가게에 들렀다. 가게에는 한 아이가 아이스크림콘을 사고 있었다. 가게 주인은 아이스크림을 콘에 담아주며 "2달러란다"라고 말했다. 그 말에 아이는 그만 풀이 죽어 "엄마가 1달러만 주셨어요"라고 대답했다.

그 모습을 옆에서 지켜보던 나는 주머니에서 1달러를 꺼내 모자라는 액수를 대신 채워주었다(아마도 동정심 있는 어른이라면 누구나 나처럼 했을 것이다). 가게 주인은 돈을 받았고, 아이는 아이스크림을 먹을 수 있게 되었다. 이런 경우에는 아이스크림 값을 전액 지불한 상태이기 때문에 아이가 가게 주인에게 빚진 것은 아무것도 없다.

하지만 약간 다른 상황을 가정해 보자. 가게 주인이 "2달러란다"라고 말하며 아이스크림콘을 건네주자, 아이는 돈도 지불하지 않고 콘을 낚아채 가게 문을 열고 줄행랑을 쳤다. 마침 길 가던 경찰관이 그 광경을 보고 아이를 붙잡아 가게 안으로 다시 데려왔다.

나는 그 모습을 보고 "좋아요. 내가 이 아이의 아이스크림 값을 대신 지불하죠. 이 아이를 보내주세요"라고 말했다. 그러나 이 경우에는 아이스크림 값을 지불해도 가게 주인이나 경찰관이 아이를 보내주지 않을 것이다. 아이는 절도라는 범죄를 저질렀기 때문이다. 이 경우, 아이의 문제는 단순히 경제적 부채를 넘어 도덕적 부채로 확대된다. 아이는 경제적 부채에 더하여 도덕적 부채를 지게 됨으로써 사회 정의를 문란케 했을 뿐 아니라 가게 주인에게 심각한 잘못을 저지른 것이다.

이제 내가 대신 지불하는 돈을 받고 아이를 사면해 줄 수 있는 권리를 가진 사람은 피해를 입은 당사자, 곧 가게 주인이다. 가게 주인이 더 이상 요구를 하지 않는다면 아이는 징벌을 면할 수 있다. 하지만 주인은 아이를 용서해야 할 법적, 도덕적 의무가 없다. 아이를 용서하는 것은 전적으로 가게 주인의 자유로운 결정에 달려 있다. 만일 주인이 아이를 용서하기로 결정한다면, 그것은 은혜의 행위가 될 것이다.

내가 하나님께 죄를 지을 때 예수님이 내 빚을 대신 갚아주신다. 하지만 예수님이 나 대신 치르신 죗값을 받아들이는 것은 전적으로 피해 당사자이자 재판관이신 하나님의 결정에 달려 있다.

내가 하나님께 죽을죄를 지은 상황에서 예수님이 하나님께 "내가 그를 위해 죽겠습니다"라고 말씀하시며 나를 위해 목숨을 내놓으셨다고 하자. 하나님이 그런 제안을 받아들이실 의무가 있을까? 전혀 없다. 그리스도의 대속의 죽음을 받아들이는 것은 전적으로 하나님의 자유로운 의사 결정에 달려 있다. 결국 그와 같은 결정은 순전히 하나님의 은혜다.

하나님은 공의가 이루어지기를 원하신다. 죗값은 반드시 지불되어야 한다. 또한 경제적 부채든 도덕적 부채든, 부채는 청산되어야 한다. 하나님은 우리의 범죄 행위를 심판하신다. 범죄를 저지르면 징벌을 받아야 한다. 하나님은 정의의 원칙을 결코 타협하지 않으신다. 다행히도 그리스도가 우리의 죗값과 징벌을 대신 담당하셨다.

그리스도의 십자가를 통해 하나님의 공의가 만족됨과 동시에 그분의 은혜가 나타났다. 그리스도의 대속을 거부하는 것은 곧 하나님의 은혜를 거부하는 것이다. 십자가를 거부하는 것은 곧 하나님의 공의와 의를 거부하는 것이다. "곧 이때에 자기의 의로우심을 나타내사 자기도 의로우시며 또한 예수 믿는 자를 의롭다 하려 하심이라"(롬 3:26)는 바울의 말은 바로 이러한 의미를 함축한다.

Chapter · 5
대속자이신 그리스도

3년간의 공생애가 막바지에 달할 즈음, 예수님은 제자들과 함께 갈릴리에서 예루살렘을 향해 가셨다. 그 길에 예수님은 자신이 예루살렘에서 고난을 받고 죽임 당하게 될 것이라고 말씀하시며 제자들에게 마음의 준비를 단단히 하라고 당부하셨다. 그러나 제자들은 그 말씀이 무엇을 의미하는지 이해하지 못했다.

예루살렘으로 올라가는 길에 예수께서 그들 앞에 서서 가시는데 그들이 놀라고 따르는 자들은 두려워하더라 이에 다시 열두 제자를 데리시고 자기가 당할 일을 말씀하여 이르시되 보라 우리가 예루살렘에 올라가노니 인자가 대제사장들과 서기관들에게 넘겨지매 그들이 죽이기로 결의하고 이방인들에게 넘겨주겠고 그들은 능욕하며 침 뱉으며 채찍질하고 죽일 것이나 그는 삼 일 만에 살아나리라 하시니라(막 10:32-34).

이 말씀을 듣고도 제자들은 곧 화제를 바꾸어 누가 예수님의 나라에서 그분의 오른편에 앉을지를 다투었다. 그리스도는 고난을 당하러 가시는데, 제자들은 자기들이 누릴 영화만 꿈꾸었다. 이때 예수님은 의미심장한 말씀을 하셨다.

예수께서 불러다가 이르시되 이방인의 집권자들이 그들을 임의로 주관하고 그 고관들이 그들에게 권세를 부리는 줄을 너희가 알거니와 너희 중에는 그렇지 않을지니 너희 중에 누구든지 크고자 하는 자는 너희를 섬기는 자가 되고 너희 중에 누구든지 으뜸이 되고자 하는 자는 모든 사람의 종이 되어야 하리라 인자가 온 것은 섬김을 받으려 함이 아니라 도리어 섬기려 하고 자기 목숨을 많은 사람의 대속물로 주려 함이니라(막 10:42-45).

이 말씀은 그리스도의 속죄 사역을 이해하는 데 많은 도움을 준다. 예수님은 제자들에게 자신이 이루어야 할 사역을 분명히 말씀하셨다. 그분은 자신의 생명을 속전(贖錢)으로 내어줄 것이라고 하셨다.

"속전"은 신약성경의 핵심 개념이다. 이에 비해 구원이라는 개념은 속전보다 좀 더 포괄적인 의미를 갖는다. 구원자는 속전을 지불하는 자를 말한다. "속전"을 뜻하는 헬라어는 "루트론"(lutron)이다.

초급 헬라어를 배울 때 처음 대하는 몇몇 단어 가운데 "루오"(*luo*)라는 동사가 있다. "루오"는 "풀어주다, 해방하다, 속박을 풀다"라는 의미를 갖는다. 속전의 개념은 무엇인가를 풀어주고, 사로잡힌 것을 자유롭게 한다는 의미에 기초한다. 그 개념은 고대사회나 현대사회나 매우 흡사하다.

오늘날 속전이란 단어는 주로 유괴 상황에 적용된다. 유괴범은 사람을 납치해 인질로 잡아놓고 석방을 조건으로 돈을 요구한다. 고대사회에서도 속전의 개념은 이와 비슷하다. 당시에는 노예를 해방하거나 전쟁포로를 석방하는 조건으로 지불된 돈을 속전이라고 불렀다.

그러면 속전의 액수를 정하는 사람은 누구인가? 속전의 액수는 제삼자로 구성된 거래위원들이 시장가격에 맞추어서 정하는 것이 아니다. 그 액수를 정하는 사람은 노예 주인이나 인질을

잡고 있는 사람이다. 그 사람이 먼저 액수를 정한 뒤, 인질이나 노예나 납치된 사람을 자유롭게 해주기 원하는 사람에게 그 액수를 지불할 것인지 결정하도록 하는 것이 통례다.

지금까지 속죄에 관해 많은 이론이 제시되어 왔다. 다양한 이론이 제시될 수밖에 없는 이유는 성경 자체가 그리스도의 십자가를 다중적인 의미를 지닌 사건으로 묘사하고 있기 때문이다. 성경은 다양한 개념을 이용해 십자가 사건을 묘사한다.

구약 시대부터 이루어져 온 구원의 여러 측면이 그리스도의 십자가 사건에 초점을 맞추고 있다. 사로잡힌 자를 구원하기 위해 지불되는 돈을 뜻하는 속전도 그런 개념이다. 구속(救贖)이란 자유롭게 해주는 것을 뜻한다. 구약 시대 이스라엘 백성도 구속되었다. 하나님이 애굽의 속박에서 구원하셨다. 출애굽도 구속의 의미를 지닌 사건이었다.

속죄론 가운데 이른바 "속전설"(贖錢設)이라고 불리는 이론이 있다. 이 이론은 교회 역사상 상당한 영향을 끼쳐 왔다. 이 이론의 요지는 이렇다. 예수님은 십자가에서 사탄에게 속전을 지불하셨다. 사탄이 인간을 사로잡고 있기 때문이다. 사탄은 마치 납치범처럼 하나님의 집에서 인간을 납치해 사슬로 결박해 놓았다. 이런 상황에서 그리스도가 오셔서 속전을 지불하고 인간을 해방시키신 것이다.

하지만 이 이론은 "승리자 그리스도"(Christus Victor)라는 요소를 고려하지 않고 있다. 그리스도는 구원 사역을 통해 사탄의 권세를 누르고 우주적인 승리를 거두셨다. 그리스도는 인간을 지배하는 사탄의 사역을 파괴하시고 그를 정복하셨다.

성경은 그리스도가 사탄에게 승리를 거두셨다는 점을 분명히 한다. 그리스도는 사탄의 세력, 곧 우리를 대적하는 사탄의 군대를 정복하셨다. 예수님은 공생애를 시작하자마자 성령에 이끌리어 광야로 나가 사탄의 유혹을 받으셨다. 그때부터 예수님과 사탄의 대결이 시작되었다.

예수님이 사탄의 유혹을 물리치신 뒤 사탄은 예수님에게서 "얼마 동안"(눅 4:13) 떠나 있었다. 결코 완전히 물러가지 않았다. 그리스도를 공격할 수 있는 더 좋은 기회를 포착하기 위한 전략상 후퇴였을 뿐이다. 예수님과 사탄의 대립은 공생애 내내 계속되었다. 하지만 예수님은 마침내 십자가의 죽음을 통해 사탄을 완전히 정복하셨다.

예수님과 사탄의 대립이라는 요소가 존재하는 것은 사실이지만 그렇다고 해서 이를 근거로 그리스도가 사탄에게 속전을 지불했다고 주장하는 것은 좀 곤란하다.

한번 생각해 보자. 만일 그리스도가 우리를 사탄의 속박에서 구원하기 위해 그에게 속전을 지불하셨다면 과연 누가 승리자의 위치에 서게 되는 것인가? 납치범이 원하는 것은 납치된 아이가 아니라, 아이의 부모를 협박해 돈을 받아내는 것이다. 만일 부모가 납치범의 위협에 못 이겨 돈을 주면, 승리는 납치범에게로 돌아간다.

사탄에게 속전이 지불되었다면, 그는 의기양양한 태도로 득의의 웃음을 터뜨릴 것이다. 그렇게 되면 그리스도가 아닌 사탄이 승리자가 된다. 성경은 결코 속전이 사탄에게 지불되었다고 말하지 않는다. 죗값을 치러야 할 대상은 사탄이 아니라 성부 하나님이라고 말한다. 하나님은 인간이 죄를 지음으로 인해 피해를 입은 당사자이시다. 결국 예수님은 우리를 위해 성부 하나님께 자신을 드려 구속의 대가를 치르신 것이다.

대리와 만족

속죄론을 거부하는 비평적인 학자들조차도 성경이 "대리"와 "만족"의 개념에 입각해 그리스도의 속죄를 설명하고자 한다는 점을 인정한다. 신약성경 기자들은 한결같이 그리스도의 십자가를 속전의 관점에서 이해한다. 속전은 대리와 만족이라는 개념을 바탕으로 한다. 속전은 제삼자에 의해 지불된다. 즉 제삼자가 대리자가 되어 속전을 지불하여 상대를 만족시켜야 하는 것이다.

칼 바르트는 신약성경에서 가장 중요한 단어가 바로 "후페르"(huper)라고 지적하였다. "후페르"는 "대신하여" 또는 "위하여"라는 뜻이다. 예수님은 "나는 내 양들을 위해, 즉 내 양들을 대신하여 목숨을 버리노라", "나는 많은 사람들을 위해 내 목숨을 주노라"고 말씀하셨다. 예수님은 "대신하여"라는 말을 입버릇처럼 사용하셨다.

박물관에 걸린 그림을 감상하는 사람들은 대부분 머리를 긁적이며 "화가가 무슨 의도로 저런 그림을 그렸을까?" 하고 궁금해한다. 사실 우리는 화가가 어떤 상황에서 어떤 의도로 그 그림을 그렸는지 나름대로 상상할 수 있다. 하지만 그 그림을 그린 화가에게 직접 물어보면 모든 것을 확연히 알 수 있다. 물론 화가가 대답을 회피하면서 이렇게 말할 수도 있다. "나는 그림을 그렸을 뿐입니다. 그림을 해석하는 것은 전적으로 당신에게 달려 있습니다. 당신이 무엇을 생각하든 그것이 곧 그림의 의미가 될 것입니다." 주로 순수한 주관주의를 지향하는 실존주의 화가들이 이런 식으로 대답할 것이다.

다행히도 예수님은 실존주의자가 아니셨다. 예수님은 자신의 뜻을 말씀하시면서 항상 일인칭을 사용하셨으며, 청중에게 자신의 사명이 무엇인지를 분명히 밝히셨다. 예수님은 자신을 구원하기 위해 일하는 것이 아니라 우리를 대신하여 자신을 하나님께 드리고자 한다는 점을 분명히 가르치셨다.

속죄와 화해

속죄론과 관련된 전문 용어 가운데 자주 등장하는 두 단어가 "속죄"(expiation)와 "화해"(propitiation)다. 이 두 단어는 종종 듣는 이를 당황하게 만들기도 하고, 사람들 사이에 많은 논쟁을 불러일으키기도 한다.

"expiation"의 접두어 "ex"는 "……로부터"를 뜻한다. 이런 점에서 "expiation"은 무엇인가를 제거하거나 없애는 것을 뜻한다. 성경에서 이 단어는 죄책을 없애는 것과 관련된다. 즉 "expiation"은 속전이나 죗값을 지불하여 죄책을 제거하는 것, 곧 잘못에 대해 벌금을 무는 것을 의미한다. 그러므로 "expiation"은 대가, 벌금, 속전, 희생제물 등을 지불하여 상대방의 요구를 충족시켜 문제를 해결하는 것을 말한다.

이와 달리 "propitiation"은 속전이나 벌금을 받아야 할 피해

당사자와 관련된 용어다. "ex"가 "……로부터"를 의미하는 접두어인 반면에 "pro"는 "……를 위해", "…… 앞에서"를 의미하는 접두어다.

"propitiation"은 하나님의 태도 변화와 관련된다. 즉 하나님과 우리의 관계가 회복되었을 때, 하나님은 분노를 누그러뜨리시고 우리를 받아주신다. 이 말은 정치적 또는 군사적 분쟁 상황에도 적용될 수 있다.

예를 들어, 난폭한 세계 정복자에게 군사적인 위협을 당한다고 생각해 보자. 그럴 경우에는 나라가 그의 칼날에 유린당하기 전에 영토의 일부를 상납해 화친을 도모하는 것이 상책이다. 다시 말해 그를 만족시킬 수 있는 것을 제공하여 그의 분노를 누그러뜨려야만 화를 모면할 수 있다.

헬라어 "힐라스모스"(*hilasmos*)는 "속죄"나 "화해"로 번역될 수 있다. 하지만 이 두 용어는 중요한 차이가 있다. "속죄"는 우리를 향한 하나님의 태도를 바꾸게 만드는 행위를 뜻한다. 즉, 그리스도의 십자가 죽음은 속죄의 행위다. 그리스도의 속죄 사역의 결과, 하나님의 분노가 누그러지고 우리와 화해가 이루어졌다. 이렇듯 속죄는 속전을 지불하는 행위를, 화해는 속전을 받아들이는 상대방의 태도 변화를 가리킨다.

속죄와 화해는 분노를 누그러뜨리기 위한 행위다. 그리스도의 속죄 사역은 하나님의 진노를 누그러뜨리기 위함이었다. 현대 신학자들은 하나님의 분노를 누그러뜨린다는 속죄 개념을 거부하려는 경향이 있다. 그들은 하나님의 진노를 누그러뜨린다는 개념이 하나님의 존엄성을 손상시킨다고 주장한다. 즉 하나님을 달래거나 분노를 누그러뜨리기 위해 무엇을 해야 한다는 생각은 이교 사상이라는 것이다.

물론 하나님의 진노를 누그러뜨린다는 개념은 매우 조심스럽게 생각해야 한다. 그렇지만 그 개념을 별로 중요하지 않은 지엽적인 문제로 치부해서는 곤란하다. 오히려 이 문제는 구원론의 핵심에 속한다.

구원의 문제를 생각할 때는 "무엇으로부터 구원받는가?" 하는 문제를 반드시 염두에 두어야 한다. 우리는 장차 다가올 하나님의 진노로부터 구원받았다. 그리스도의 구속 사역은 심판에 관한 그분의 가르침과 밀접한 관계를 가지고 있다. 그리스도는 장차 심판의 날이 이를 것이라고 경고하셨다. 그날이 오면 구석에서 은밀히 이루어진 일들이 백일하에 드러나게 될 것이다. 예수님은 심지어 무심코 내뱉은 한마디 말즈차도 심판을 받게 된다고 말씀하셨다.

어떤 면에서 예수님은 "위기" 신학을 가르치셨다고 할 수 있다. "위기"를 뜻하는 헬라어 "크리시스"(*krisis*)는 "심판"을 뜻한다. 예수님이 전파하셨던 위기는 임박한 심판의 위기를 가리킨다. 심판의 날이 이르면 하나님이 구원받지 못한 불신자들에게 진노를 쏟아 부으실 것이다.

하나님의 진노를 모면할 수 있는 유일한 길은 그리스도의 속죄를 믿는 것이다. 그리스도는 십자가 사역을 통해 하나님의 진노를 누그러뜨리셨다. 그리스도의 희생이 없었다면, 우리는 하나님의 불같은 진노를 결코 피할 수 없을 것이다.

Chapter • 6
축복과 저주

그리스도의 십자가는 독보적인 의미를 지닌 역사적 사건이라서 자칫 잘못하면 마치 우발적으로 일어난 단독 사건으로 생각하기 쉽다. 그러나 그리스도의 속죄 사역은 오랜 세월 동안 발전해 온 구속사의 정점이라는 점을 잊어서는 안 된다. 하나님은 영원 전부터 그리스도의 죽음을 구속사의 정점으로 예비하셨다.

속죄와 언약

개혁주의 신학은 그리스도의 속죄를 "언약"이라는 좀 더 포괄적인 개념으로 설명하고자 한다. 옛 언약과 새 언약을 통해 발전해 온 언약의 전 과정을 이해하지 않고서는 그리스도의 죽음을 온전히 이해할 수 없다.

십자가에 못 박히시기 전날 밤, 예수님은 제자들과 함께 최후의 만찬을 나누시며 새 언약을 맺는 의식을 행하셨다. 다락방에서 제자들과 함께 옛 언약의 의식인 유월절을 기념하시면서 옛 의식에 새로운 의미를 부여하셨다. 떡을 나누어주시면서 "이것은 너희를 위한 내 몸이니라"고 하셨고, 포도주 잔을 주시면서 "이것은 죄 사함을 위해 흘리는 새 언약의 피이니라"고 하셨다.

과거 이스라엘 백성은 유월절을 지키면서 문설주에 어린 양의 피를 발랐다. 죽음의 천사가 그 피를 보고 이스라엘 자손을 넘어갔다. 하지만 예수님이 새 언약을 세우시는 순간, 포도주는 단순히 옛 유월절을 가리키지 않았다. 새로운 성례전의 의미가 주어졌다. 즉 포도주는 그리스도가 속죄의 죽음을 당하시면서 흘리신 피를 가리키게 되었다. 다락방에서 있었던 최후의 만찬으로 새 언약이 이루어진 것이다.

속죄의 의미를 이해하려면 신명기의 기록을 살펴봐야 한다. 신명기에 보면, 하나님과 이스라엘 백성 사이에 체결된 언약이 상세히 기록되어 있다. 고대 사회의 언약들을 살펴보면 문화권에 따라 그 내용이 조금씩 다르지만, 어떤 언약에나 보편적으로 존재하는 몇 가지 요소를 발견할 수 있다.

예를 들어 법적인 언약을 체결할 경우, 군주는 자신의 신분을 밝힌 뒤 자신과 신하가 맺어 온 과거의 역사를 되풀이하여 말하는 것이 통례였다. 이스라엘 민족, 수메르족, 히타이트족을 비롯해 고대의 많은 민족이 이런 식으로 언약을 맺었다.

하나님도 언약을 맺으실 때는 자신의 신분을 밝히셨다. "나는 너를 애굽 땅, 종 되었던 집에서 인도하여 낸 네 하나님 여호와라"(신 5:6). 그런 다음, 하나님은 언약 조항을 제시하기 전에 언약의 서론으로 과거의 역사를 열거하셨다.

언약은 조항으로 이루어진다. 어떤 언약이든 조항이 있다. 결혼도 언약이다. 결혼 당사자들은 서로에게 복종과 사랑과 존경을 약속한다. 고용 계약의 경우에도 고용주는 봉급이나 보너스와 같은 고용 조건을 제시하고, 피고용인은 하루에 몇 시간 동안 어떤 업무에 종사하겠다고 약속한다. 구체적인 근로 조건을 만족시킬 경우에 고용주는 약속한 것을 제공하게 된다. 그리고 피고용인은 계약에 따라 업무를 처리해야만 고용주에게서 그에 대한 보상을 받을 수 있다.

축복과 저주

고대 사회의 모든 언약에는 상벌 규정이 있었다. 언약 조항을 잘 이행할 때는 보상이 주어졌고, 조항을 어길 때는 징벌이 주어졌다. 옛 언약의 경우에는 보상을 "축복", 징벌을 "저주"라고 표현했다.

신명기 28장에 보면, 하나님과 이스라엘 백성이 맺은 언약의 조건이 다음과 같이 언급되어 있다.

> 네가 네 하나님 여호와의 말씀을 삼가 듣고 내가 오늘 네게 명령하는 그의 모든 명령을 지켜 행하면 네 하나님 여호와께서 너를 세계 모든 민족 위에 뛰어나게 하실 것이라 네가 네 하나님 여호와의 말씀을 청종하면 이 모든 복이 네게 임하며 네게 이르리니(신 28:1, 2).

이 말씀 뒤에는 구체적인 축복의 내용이 열거되고 있다.

> 성읍에서도 복을 받고 들에서도 복을 받을 것이며 네 몸의 자녀와 네 토지의 소산과 네 짐승의 새끼와 소와 양의 새끼가 복을 받을 것이며 네 광주리와 떡 반죽 그릇이 복을 받을 것이며 네가 들어와도 복을 받고 나가도 복을 받을 것이니라(신 28:3-6).

언약 조항을 지키고 계명에 순종하면, 하나님은 "네가 앉거나 눕거나 서거나 축복할 것이요, 침묵을 지키거나 말을 하거나 축복할 것이며, 도시에 있든지 시골에 있든지 큰길에 있든지 바다에 있든지, 어디를 가든 무슨 일을 하든지 축복하겠노라"고 약속하신다.

하지만 축복이 약속된 뒤에는 언약을 어길 경우에 주어지는 저주가 언급된다.

> 네가 만일 네 하나님 여호와의 말씀을 순종하지 아니하여 내가 오늘 네게 명령하는 그의 모든 명령과 규례를 지켜 행하지 아니하면 이 모든 저주가 네게 임하며 네게 이를 것이니 네가 성읍에서도 저주를 받으며 들에서도 저주를 받을 것이요 또 네 광주리와 떡 반죽 그릇이 저주를 받을 것이요 네 몸의 소생과 네 토지의 소산과 네 소와 양의 새끼가 저주를 받을 것이며 네가 들어와도 저주를 받고 나가도 저주를 받으리라(신 28:15-19).

여기에서 우리는 축복과 저주가 병행구를 이루고 있음을 보게 된다. 복종하지 않으면 앉거나 눕거나 서거나 저주를 받을 것이요, 도시에 있든지 시골에 있든지 바다에 있든지 저주를 받을 것이며, 우리 자손과 양떼와 개와 고양이가 저주를 받게 된다. 한마디로 삶의 모든 영역에 하나님의 저주가 광범위하게 미치는 것이다.

축복, 하나님과의 사귐

언약에 약속된 축복의 의미를 이해하려면 이스라엘 사람들이 "축복"을 어떤 개념으로 이해했는지 알아야 한다. 현대의 성경 번역자들은 예수님의 팔복을 번역할 때 어려워한다. 어떤 번역자들은 "복이 있나니"라는 헬라어를 "행복하다"라는 말로 번역한다(즉, "마음이 가난한 자는 행복하다"는 식으로).

요즘에는 고어(古語)적인 표현을 대중에게 익숙한 어휘로 바꾸어 성경을 현대적으로 번역하려는 경향이 많다. 그러나 그 과정에서 깊은 뜻을 가진 옛 단어가 피상적인 현대어로 대체되는 오류가 발생하기도 한다. 사실 "행복하다"는 표현은 "복이 있다"는 표현이 지닌 깊은 개념을 전달하지 못한다. "복이 있나니"를 "행복하다"로 번역하는 것은 그 진정한 의미를 제대로 전달하지 못하는 것이다.

이스라엘 사람들은 하나님의 은혜를 입는 것을 축복이라고 생각했다. 민수기 6장 24-26절에 기록된 히브리인들의 축복기도를 살펴보면 축복의 개념을 잘 이해할 수 있다.

여호와는 네게 복을 주시고 너를 지키시기를 원하며 여호와는 그의 얼굴을 네게 비추사 은혜 베푸시기를 원하며 여호와는 그 얼굴을 네게로 향하여 드사 평강 주시기를 원하노라.

축복기도에 나타나는 시적 구조와 리듬에 주목하라. 여기에서 우리는 히브리 문학에서 즐겨 사용되는 병행구의 대표적인 예를 볼 수 있다. 히브리 문학에서 사용되는 병행구의 종류는 다양하다. 인용한 축복기도에는 두 가지 형태의 병행구가 사용되었다.

첫째, 축복기도는 모두 세 문장으로 이루어졌고, 각 문장은 다시 두 부분으로 구성되어 있다. 첫 문장을 보면, "여호와는 네게 복을 주시고 너를 지키시기를 원하며"라고 되어 있다. 하나님의 축복과 보호라는 두 가지 소원이 담겨 있는 셈이다. 하나님이 지켜주신다는 것은 곧 은혜로운 섭리로 보호해 주신다는 것을 의미한다. 이스라엘 민족의 역사는 예나 지금이나 파란만장하다. 그들은 국가적 평화를 지속적으로 누려본 적이 별로 없다. 고대 세계에서 이스라엘은 지리적으로 아프리카와 아시아와 유럽을 잇는 다리와도 같았다. 그러다 보니 자연히 주변 강대국들에 끊임없이 시달릴 수밖에 없었다. 이런 이유로 이스라엘 백성의 마음에는 안정과 평화를 바라는 간절한 소망이 가득했다. 인용한 축복기도에도 하나님의 보호하심으로 변함없이 오래도록 평화를 누리기 원하는 이스라엘 백성의 간절한 염원이 담겨 있다.

둘째, 축복기도는 세 문장으로 되어 있지만 모두 동일한 내용을 염원하는 동의어적 병행구로 이루어져 있다. 말하자면 시적인 풍요함과 다양성을 지닌 여러 어휘를 통해 동일한 메시지를 전달한다. 두 번째 문장("여호와는 그의 얼굴을 네게 비추사")과 세 번째 문장("여호와는 그 얼굴을 네게로 향하여 드사")을 통해 첫 번째 문장("여호와는 네게 복을 주시고")에 언급된 "복"의 의미를 이해할 수 있다. 즉 이스라엘 백성에게 최고의 "복"은 하나님의 얼굴을 보는 것이었다. 다른 구약성경 구절들을 통해서도 이스라엘 백성이 생각한 복의 개념이 하나님과 가깝고 친밀한 관계를 맺는 것임이 여실히 드러난다. 하나님과 친밀할수록 더 큰 축복을 누릴 수 있다. 반대로 하나님과 멀어질수록 축복도 그만큼 덜하다.

저주는 축복과 정반대의 의미를 갖는다. 앞서 인용한 축복기도를 저주의 기도로 바꾼다면 이렇게 될 것이다. "여호와는 너를 저주하시고 너를 멸망케 하시기를 원하며 여호와는 네게 등을 돌리사 너를 심판하시기를 원하며 여호와는 너를 외면하여 어둠과 혼돈에 빠뜨리시기를 원하노라." 언약을 즌수하지 않을 때는 틀림없이 이런 저주를 받을 것이다.

이처럼 이스라엘 백성에게 축복이란 곧 하나님과 친밀한 관계를 맺는 것을 의미했다. 미국은 "민권 운동"(Civil Rights Movement)을 하는 동안 국가적으로 이러한 축복을 경험한 바 있다. "우리는 요동하지 않으리"(We Shall Not Be Moved)는 당시에 운동을 하는 동안 자주 애창된 노래다. 이 노래 가사는 시편 46편을 근거로 한다.

> 하나님은 우리의 피난처시요 힘이시니 환난 중에 단날 큰 도움이시라 그러므로 땅이 변하든지 산이 흔들려 바다 가운데에 빠지든지 바닷물이 솟아나고 뛰놀든지 그것이 넘침으로 산이 흔들릴지라도 우리는 두려워하지 아니하리로다 한 시내가 있어 나뉘어 흘러 하나님의 성 곧 지존하신 이의 성소를 기쁘게 하도다 하나님이 그 성 중에 계시매 성이 흔들리지 아니할 것이라 새벽에 하나님이 도우시리로다 뭇 나라가 떠들며 왕국이 흔들렸더니 그가 소리를 내시매 땅이 녹았도다 만군의 여호와께서 우리와 함께 하시니 야곱의 하나님은 우리의 피난처시로다(시 46:1-7).

시편 46편은 위기의 시기, 곧 혼돈과 격변의 시기를 묘사한다. 한마디로 두려운 시기다. 그러나 사방이 온통 위기로 가득한 상황에서도 하나님의 도우심에 대한 확신이 가득하다. 이스라엘 백성이 요동하지 않는 이유는 하나님이 그들 가운데 계시기 때문이다.

과거에 광야 생활을 하는 동안 이스라엘 백성은 지파별로 천막을 치고 생활했다. 그들은 하나님이 지시하신 형태로 천막을 쳤다. 각 지파는 원형으로 천막을 쳤고, 그 가운데에 성막, 곧 하나님이 거하시는 장막을 세웠다. 하나님의 장막은 이스라엘 백성 중앙에 세워져 "나 여호와가 너희 중에 거한다"는 사실을 암시했다. 하나님의 임재에 관한 이미지는 이스라엘 백성의 이와 같은 역사적 경험에 그 뿌리를 두고 있다.

저주, 하나님과의 단절

하나님이 함께하시는 축복된 삶을 누릴 때 하나님 백성의 입에서는 찬양이 흘러나오기 마련이다. 그러나 하나님의 저주를 받는 삶을 살게 될 때는 더 이상 그분을 찬양할 수 없다. 저주란 하나님과 단절된 상태, 곧 그분의 얼굴에서 나오는 광채를 누리지 못하고 바깥 어두운 곳에 쫓겨난 상태를 뜻한다. 바깥 어두운 곳은 이방인이 거하는 곳이다. 그곳은 이스라엘 진영 밖이었다. 그곳에는 언약과 관계없는 자들이나 "부정한 자들"이 거했다. 이들은 이스라엘 백성과 상관없는 낯선 자들이었다.

대속죄일에 거행된 구약 시대의 의식을 살펴보면 바깥 어두운 곳이 무엇을 의미하는지 분명히 알 수 있다. 대속죄일에 바쳐진 짐승들은 모두 제단에서 희생되었다. 그런데 제단에서 희생되지 않는 짐승이 한 마리 있었다. 바로 속죄염소다.

> 그 지성소와 회막과 제단을 위하여 속죄하기를 마친 후에 살아 있는 염소를 드리되 아론은 그의 두 손으로 살아 있는 염소의 머리에 안수하여 이스라엘 자손의 모든 불의와 그 범한 모든 죄를 아뢰고 그 죄를 염소의 머리에 두어 미리 정한 사람에게 맡겨 광야로 보낼지니 염소가 그들의 모든 불의를 지고 접근하기 어려운 땅에 이르거든 그는 그 염소를 광야에 놓을지니라(레 16:20-22).

이 의식을 보면 백성의 죄가 상징적으로 염소에게 전가된 것을 알 수 있다. 그러나 염소는 죽임을 당하지 않는다. 대신 이스라엘 진영 밖으로 보내진다. 염소는 광야, 곧 하나님의 얼굴에서 나오는 광채와 단절된 어두운 곳으로 간다. 결국 염소는 백성의 모든 죄를 지고 저주받은 장소, 하나님의 축복을 받을 수 있는 영역 밖으로 쫓겨나는 것이다.

우리의 저주를 담당하신 예수 그리스도

이제 다시 신약성경으로 돌아가 그리스도의 십자가에 관한 사도 바울의 증언에 귀를 기울여보자.

너희에게 성령을 주시고 너희 가운데서 능력을 행하시는 이의 일이 율법의 행위에서냐 혹은 듣고 믿음에서냐 아브라함이 하나님을 믿으매 그것을 그에게 의로 정하셨다 함과 같으니라 그런즉 믿음으로 말미암은 자들은 아브라함의 자손인 줄 알지어다 또 하나님이 이방을 믿음으로 말미암아 의로 정하실 것을 성경이 미리 알고 먼저 아브라함에게 복음을 전하되 모든 이방인이 너로 말미암아 복을 받으리라 하였느니라 그러므로 믿음으로 말미암은 자는 믿음이 있는 아브라함과 함께 복을 받느니라 무릇 율법 행위에 속한 자들은 저주 아래에 있나니 기록된 바 누구든지 율법 책에 기록된 대로 모든 일을 항상 행하지 아니하는 자는 저주 아래에 있는 자라 하였음이라 또 하나님 앞에서 아무도 율법으로 말미암아 의롭게 되지 못할 것이 분명하니 이는 의인은 믿음으로 살리라 하였음이라 율법은 믿음에서 난 것이 아니니 율법을 행하는 자는 그 가운데서 살리라 하였느니라 그리스도께서 우리를 위하여 저주를 받은 바 되사 율법의 저주에서 우리를 속량하셨으니 기록된 바 나무에 달린 자마다 저주 아래에 있는 자라 하였음이라 이는 그리스도 예수 안에서 아브라함의 복이 이방인에게 미치게 하고 또 우리로 하여금 믿음으로 말미암아 성령의 약속을 받게 하려 함이라(갈 3:5-14).

바울은 갈라디아 교인들에게 하나님이 아브라함과 맺으신 언약을 상기시킨다. 하나님은 아브라함을 불러 온 세상을 위한 복의 근원이 되게 하셨다. "내가 너를 중심으로 삼아 이 축복을 세상에 두루 전하겠노라. 나는 이 축복을 세상의 모든 족속에게 쏟아 부을 것이다. 모든 민족이 너로 인해 복을 받게 될 것이며, 믿음을 가진 모든 자가 너와 함께 축복을 받게 될 것이니라."

이처럼 믿음을 가진 자는 축복을 받는다. 그렇지만 율법을 구원의 수단으로 의지하는 자, 곧 자신의 선행을 의지하는 자는 저주를 받는다. 성경은 "누구든지 율법 책에 기록된 대로 모든 일을 항상 행하지 아니하는 자는 저주 아래에 있는 자"라고 분명히 말한다. 앞서 인용한 바울의 말은 신명기를 배경으로 한다. 신명기에 기록된 하나님의 언약에 따르면, 율법의 모든 조항을 지키지 않는 자는 저주 아래 있다고 했다.

바울은 그 누구도 하나님 앞에서 율법으로 의롭다 함을 받을 수 없다고 말한다. "의인은 믿음으로 말미암아 살기 때문이다." 율법은 믿음을 근거로 하지 않는다. 그러나 구원은 오직 그리스도를 믿음에서 온다. 오직 그리스도만이 우리에게서 저주를 없애 주실 수 있기 때문이다.

> 그리스도께서 우리를 위하여 저주를 받은 바 되사 율법의 저주에
> 서 우리를 속량하셨으니 기록된 바 나무에 달린 자마다 저주 아래
> 에 있는 자라 하였음이라(갈 3:13).

바울은 그리스도가 십자가에서 우리 대신 저주를 받으셨다고 말한다. 그리스도는 율법의 모든 저주와 형벌을 친히 짊어지셨다. 그렇게 하셔서 "나무에 달린 자마다 저주 아래에 있는 자"라는 말씀을 성취하셨다.

예수 그리스도의 십자가와 관련된 여러 가지 사건을 살펴보면, 놀라운 일들이 일어난 사실을 알 수 있다. 무엇보다도 구약성경의 예언들이 세부적으로 성취되었다는 사실에 놀라움을 금할 수 없다.

예를 들어, 성경은 메시아가 이방인의 손에 넘겨져 재판받을 것이라고 예언했다. 예수님은 로마제국이 유대를 점령하고 있는 동안 재판받으셨다. 로마제국은 자신이 정복한 나라에 어느 정도 자치권을 허용하였지만 사형을 집행할 수 있는 권리는 주지 않았다. 그러므로 유대인들에게는 그리스도를 사형에 처할 수 있는 권한이 없었다. 유대인들은 공회를 열어 예수님을 심문

한 뒤, 당시 로마 총독이던 빌라도에게 그분을 넘겨주었다. 그들에게 주어진 권한의 한계 때문이었다. 결국 예수님은 자기 백성으로부터 이방인에게 넘겨졌다. "이스라엘 진영 밖으로" 쫓겨나신 것이다.

예수님은 하나님의 얼굴에서 나오는 광채가 비취지 않는 어두운 곳, 곧 이방인들의 영역으로 넘겨져 그들의 손에 재판을 받으셨다. 유대인들은 죄인을 십자가형에 처하지 않았다. 유대인의 사형 방법은 투석형이었다. 그러나 로마인들은 십자가형을 사용했다. 이는 결국 예수님이 "나무에 매달리는" 결과를 가져왔다. 구약성경은 투석형을 당한 자들이 아니라 "나무에 달린 자"가 저주 아래 있다고 말했다.

예수님이 처형되신 장소 또한 의미심장하다. 그곳은 예루살렘 밖이었다. 예수님이 이방인들의 손에 넘겨져 재판을 받으신 곳은 예루살렘 안이었다. 일단 재판을 받고 사형을 선고 받으신 뒤에는 고난의 길(*Via Dolorosa*)을 거쳐 예루살렘 성 밖 골고다로 강제로 끌려가셨다. 속죄염소가 이스라엘 진영 밖으로 끌려나갔듯이, 그리스도도 하나님이 계시는 거룩한 도성 밖, 어두운 곳으로 끌려가셨다.

우리를 위해 하나님과의 단절을 경험하신 예수 그리스도

예수님이 십자가에 매달려 계시는 동안 천재지변이 일어났다. 한낮에 어둠이 온 땅에 임했다(아마 개기일식처럼 태양이 잠시 흐려지거나 보이지 않게 된 현상이었을 것이다). 어둠이 극심할 때, 예수님은 고통 속에서 부르짖으셨다. "나의 하나님, 나의 하나님, 어찌하여 나를 버리셨나이까?"(마 27:46) 지금까지 이 말씀에 대해 다양한 해석이 제시되었다.

알베르트 슈바이처는 예수님이 자신의 잘못된 몽상을 깨닫고 죽으셨다고 결론지었다. 다시 말해 그리스도는 하나님이 자신을 구원하실 줄 믿었는데, 마지막 순간에 하나님이 구원하지 않으실 것을 깨닫게 되었다는 것이다. 그의 견해에 따르면, 예수님은 마지막에 자신의 몽상을 깨닫고 죽어간 셰익스피어 비극의 주인공과 같은 인물이었다고 할 수 있다.

또 다른 학자들은 예수님의 이 말씀이 시편 22편을 인용한 것이라는 사실에 초점을 맞춘다. 이들은 예수님이 이 말씀을 통해 자신을 시편 22편에 나오는 고난당하는 종과 일치시켰다고 한다. 물론 이들의 지적대로 예수님은 운명하실 때 시편을 인용하셨다. 예수님은 시편 22편을 잘 알고 계셨음이 분명하다. 그러나 예수님의 말씀은 단순히 그분을 시편 22편에 나오는 고난의 종과 일치시키는 것 이상의 의미를 지니고 있다.

내가 목사 안수를 받을 때 부른 주제 찬송가는 "감람산 깊은 밤중에"였다. 나는 이 찬송가를 좋아하지만, 가사 중에 약간 마음에 들지 않는 대목이 있다. 이 찬송가는 예수님이 "하나님께 버림받지 않았다"("not forsaken by His God", 한글 찬송가는 "성부는 힘을 주시네"라고 번역되어 있다_옮긴이)고 말한다. 어떤 신학자들은 "인간의 몸을 입으신 예수님은 십자가에서 하나님께 버림받았다고 느끼셨을 뿐 실제로 버림을 받지는 않으셨다"고 말한다.

하지만 예수님이 십자가에서 실제로 버림받지 않으셨다면 우리는 여전히 죄 가운데 있고 구원도 없다. 예수님이 우리 죄를 짊어지고 언약을 이루고자 하신다면, 율법의 저주를 감당하시고 하나님께 버림받으셔야 한다. 이것이 십자가의 의미다.

옛 언약의 증표는 할례였다. 어떤 점에서 보면 할례는 미개하고 수치스러운 의식이었다. 유대인들은 무슨 의미로 표피를 잘랐을까? 할례는 크게 두 가지, 곧 긍정적 의미와 부정적 의미를 갖는다. 먼저 표피를 자르는 할례 의식의 긍정적 의미는 선택받은 하나님의 백성을 구별하는 데 있다. 이스라엘 백성은 할례를 통해 이방인들과 구별되어 축복받은 거룩한 나라의 자손이라는 증표를 갖게 되었다.

한편 할례는 "하나님, 제가 율법의 조항 중에 단 하나라도 지키지 못한다면, 저는 마치 잘려나간 표피처럼 주님과 단절되어 더 이상 주님과 그 얼굴빛을 뵙지 못하고 주님의 축복을 받지 못하게 될 것입니다"라는 부정적인 의미가 있다.

그리스도의 십자가에는 이와 같은 할례의 의미가 담겨 있다. 예수님은 저주를 짊어지시고 우리 대신 죄인이 되셨다. 하나님은 그리스도를 잘라 버리셨다. 하나님은 공의를 실현하시기 위해 마땅히 그렇게 하셔야만 했다. 세상 죄를 짊어지신 예수님은 역사상 가장 수치스럽고 무서운 죄인이 되고 말았다.

하나님은 거룩하시기 때문에 불법을 용납하지 않으신다. 그리스도가 십자가에 달리시는 순간, 하나님은 그분을 외면하셨다. 하나님은 아들 예수에게 얼굴을 감추시고 그분을 잘라 버리셨다. 예수 그리스도는 일생 동안 하나님과 완전하고 축복된 관계를 누려 오셨다. 그분은 하나님이 기뻐하시는 아들이었다. 그러나 십자가에 달리신 예수님은 하나님께 버림받아 저주를 당하셨다. 이는 그분의 죄가 아니라, 우리의 죄 때문이었다. 그리스도는 우리를 위해 그분에게 전가된 죄를 기꺼이 짊어지신 것이다!

십자가형이 주는 육체적 고통을 묘사하는 설교가 많다. 그런 설교를 들으면 대못에 박히고 가시관을 쓰신 예수님의 고통이 생생히 와 닿는 듯하다. 십자가형으로 인한 육체적 고통은 참으로 끔찍했다. 하지만 십자가형을 당한 사람들 중에서 그리스도보다 더 심한 죽음의 고통을 당한 사람은 아무도 없었다. 그리스도는 십자가에 달려 하나님의 진노를 남김없이 감당한 유일한 존재였다.

아마 하나님과의 단절이 가져다주는 고통은 날카로운 대못과 창이 가져다주는 고통보다 더욱 컸을 것이다. 예수님은 십자가에서 지옥의 고통을 맛보셨다. 하나님과 단절된 채 그분의 은혜와 축복에서 완전히 멀어지셨다.

예수님이 우리를 위해 저주를 받으셨기 때문에 우리는 장차 하나님의 얼굴을 보게 될 것이다. 예수님이 하나님으로부터 외면당하셨기 때문에 우리는 그분의 얼굴에서 나오는 광채를 누릴 수 있다. 그리스도가 고통 속에서 울부짖으신 것은 당연하다. 그분은 영혼 깊은 곳에서 울부짖으셨다. 그와 같은 상태가 얼마나 계속되었을까? 정확히 알 수는 없지만, 비록 순간이었다 하더라도 그 고통은 분명 무한했을 것이다.

마침내 예수님은 "다 이루었다"(요 19:30)그 소리치셨다. 모든 것이 끝났다. 그러면 무엇이 끝났단 말인가? 그분의 생명이 끝났단 말인가? 아니면 못 박힌 고통이 끝났단 말인가? 둘 다 아니다. 바로 하나님께 버림받은 상태가 끝났다는 뜻이다. 하나님이 다시 예수님에게 얼굴을 돌리셨다. 예수님은 "내 영혼을 아버지 손에 부탁하나이다"(눅 23:46)라고 큰소리로 말씀하셨다. 십자가의 구원 사역은 인간의 머리로는 헤아릴 수 없는 놀라운 사건이었다. 옛 언약의 저주와 축복의 진정한 의미가 그리스도의 십자가를 통해 완성되었다.

우리를 거스르는 법조문으로 쓴 증서를 십자가에 못 박다

신약성경은 십자가의 의미를 여러 각도에서 조명한다. 구속의 차원에서 보면 그리스도는 우리 죄를 짊어지고 바깥 어두운 곳으로 나갔던 속죄염소였다. 또한 그리스도는 악의 세력, 곧 모든 정사와 권세를 이기신 승리자이셨으며, 우리를 대신해 속전을 지불하셔서 하나님의 공의를 만족시키신 분이다. 예수님은 옛 언약의 저주를 친히 담당하시고, 사로잡힌 자들을 해방하셨다.

바울은 이와 같은 십자가의 다양하고 풍부한 의미를 한데 모아 골로새서에서 다음과 같이 요약했다.

또 그 안에서 너희가 손으로 하지 아니한 할례를 받았으니 곧 육의 몸을 벗는 것이요 그리스도의 할례니라 너희가 세례로 그리스도와 함께 장사되고 또 죽은 자들 가운데서 그를 일으키신 하나님의 역사를 믿음으로 말미암아 그 안에서 함께 일으키심을 받았느니라 또 범죄와 육체의 무할례로 죽었던 너희를 하나님이 그와 함께 살리시고 우리의 모든 죄를 사하시고 우리를 거스르고 불리하게 하는 법조문으로 쓴 증서를 지우시고 제하여 버리사 십자가에 못 박으시고 통치자들과 권세들을 무력화하여 드러내어 구경거리로 삼으시고 십자가로 그들을 이기셨느니라(골 2:11-15).

바울은 신자와 그리스도의 신비한 연합을 강조한다. 우리는 그리스도와 함께 할례 받았으며, 그분과 함께 일으키심을 받기 위해 함께 장사되었다.

이 본문에서 바울은 그리스도의 구원 사역의 다양한 의미를 설명하면서 새로운 요소를 더하고 있다. "우리를 거스르고 불리하게 하는 법조문으로 쓴 증서를 지우시고 제하여 버리셨다." 그러면 "법조문으로 쓴 증서"란 과연 무엇을 가리킬까? 이 질문에 대답하기 전에 한 가지 개인적인 경험을 들려주고 싶다.

어느 성탄절이었다. 아내는 독특한 모양의 금반지를 선물해 나를 놀라게 했다. 반지에는 십자가에 못 박힌 그리스도가 새겨져 있었으며, 그 위는 그리스도의 보혈을 상징하는 심홍색 보석으로 덮여 있었다. 그리고 십자가상 위에는 "나사렛 예수, 유대인의 왕"을 뜻하는 라틴어 "INRI"(Iesus Nazarenus, Rex Indaeorum)라는 문자가 새겨져 있었다. 그 반지 모양은 내게 "그의 위에 이는 유대인의 왕이라 쓴 패가 있더라"(눅 23:38)는 성경말씀을 상기시켜 주었다.

아내가 내게 준 반지는 캐서린 폰 보라가 디자인해 결혼식 날에 남편인 루터에게 준 반지를 그대로 본떠 만든 것이었다. 이 반지는 내가 날마다 기억해야 할 복음을 상징한다.

고대 사회에서 모든 범죄자는 각각 죄명을 부여받았다. 아울러 그들이 선고받은 죄명을 써서 공고하게 되어 있었다. 경제적 부채의 경우에도 기록으로 게시되었다. 그리고 경제적 부채든 법적 부채든, 부채가 청산된 뒤에는 사람들이 볼 수 있는 공공장소에 그 결과가 공고되었다.

우리가 하나님께 빚을 지고 있다는 것을 입증하는 증서가 그리스도에 의해 없어졌다. 예수님이 십자가에 못 박히시는 순간, 우리의 빚이 말끔히 청산되었다는 사실이 널리 공포된 셈이다. 이처럼 십자가는 그리스도가 정사와 권세를 벗어버리고 승리하셨다는 사실을 만천하에 공개하는 의미를 지녔다.

피로 값 주고 산 그리스도의 신부

그리스도의 속죄 사역에는 이 밖에도 다른 의미가 담겨 있다. 이는 출애굽기에 기록된 말씀과 관련이 있다. 출애굽기에 보면, 십계명이 주어진 다음에 이런 말씀이 기록되어 있다.

네가 백성 앞에 세울 법규는 이러하니라 네가 히브리 종을 사면 그는 여섯 해 동안 섬길 것이요 일곱째 해에는 몸값을 물지 않고 나가 자유인이 될 것이며 만일 그가 단신으로 왔으면 단신으로 나갈 것이요 장가들었으면 그의 아내도 그와 함께 나가려니와 만일 상전이 그에게 아내를 주어 그의 아내가 아들이나 딸을 낳았으면 그의 아내와 그의 자식들은 상전에게 속할 것이요 그는 단신으로 나갈 것이로되 만일 종이 분명히 말하기를 내가 상전과 내 처자를 사랑하니 나가서 자유인이 되지 않겠노라 하면 상전이 그를 데리고 재판장에게로 갈 것이요 또 그를 문이나 문설주 앞으로 데리고 가서 그것에다가 송곳으로 그의 귀를 뚫을 것이라 그는 종신토록 그 상전을 섬기리라 사람이 자기의 딸을 여종으로 팔았으면 그는 남종같이 나오지 못할지며 만일 상전이 그를 기뻐하지 아니하여 상관하지 아니하면 그를 속량하게 할 것이나 상전이 그 여자를 속인 것이 되었으니 외국인에게는 팔지 못할 것이요 만일 그를 자기 아들에게 주기로 하였으면 그를 딸같이 대우할 것이요 만일 상전이 다른 여자에게 장가들지라도 그 여자의 음식과 의복과 동침하는 것은 끊지 말 것이요 그가 이 세 가지를 시행하지 아니하면, 여자는 속전을 내지 않고 거저 나가게 할 것이니라(출 21:1-11).

이 본문은 노예로 팔린 종들에 관한 구체적인 구약 율법이다. 본문에는 조금 이상해 보이는 내용이 발견된다. 이 율법은 처음부터 아내와 함께 노예가 된 경우에는 해방의 시기가 도래했을 때 남편과 아내를 함께 풀어주는 반면, 장가들지 않은 상태에서 노예가 되어 나중에 주인이 주는 여자와 결혼한 경우에는 아내나 자식과 함께 풀려날 수 없다고 규정한다.

그 이유는 무엇인가? 아마도 그가 아내와 자식을 부양할 능력이 있다는 것을 입증하지 못했기 때문이 아닌가 싶다. 그는 처음에 경제적 부채 때문에 종으로 팔려 왔다. 그런 상태에서 주인이 준 아내를 함께 데리고 살려면 먼저 "신부의 몸값"을 지불하여 가족을 부양할 수 있다는 경제적 능력을 입증해야 했다. 즉 종이 아내를 자유롭게 하기 원한다면, 아내를 주인에게서 사와야 했다. 한마디로 그는 아내의 속전을 지불해야 했다.

신약성경은 이와 같은 구약 율법에 빗대어 교회를 그리스도의 신부라고 일컫는다. 교회는 신랑의 소유다. 신랑이신 그리스도가 교회를 값 주고 사셨기 때문이다. 우리는 우리의 것이 아니라 그리스도의 것이다(고전 6:19, 20 참조).

그리스도는 우리를 사기 위해 그분의 보혈을 값으로 지불하셨다. 그리스도는 속죄의 죽음을 통해 신부인 교회의 몸값을 지불하시고 구원하셨다.

Chapter · 7
이신칭의(以信稱義)

그리스도의 속죄 사역은 칭의 교리와 직접적으로 관계가 있다. 종교개혁 당시, 마르틴 루터는 교회의 성패가 이신칭의 교리에 달려 있다고 주장했다. 루터는 당시 이 문제를 놓고 로테르담의 에라스무스와 불꽃 튀는 논쟁을 벌였다. 그는 논쟁 상대인 에라스무스에게 지엽적인 문제가 아니라 가장 중요한 실제적인 문제를 놓고 대화를 나눌 수 있어서 고맙다고 말하기까지 했다. 칼빈도 루터의 견해에 동의하며, 이신칭의 교리에 모든 것이 달려 있다고 주장했다. 이 개혁자들이 옳다면 우리 역시 그리스도의 속죄를 칭의 문제와 관련하여 생각하는 것이 마땅하다.

속죄와 칭의

그리스도의 십자가는 과연 우리와 어떤 관계가 있는가? 우리는 앞서 십자가의 객관적인 의미를 살펴보았다. 이제는 그리스도의 사역이 우리에게 끼치는 영향과 관련된 문제, 곧 십자가의 주관적인 의미를 살펴보고자 한다. 그리스도의 십자가의 죽음이 우리에게 무슨 유익을 주는가? 십자가는 우리와 어떤 관련이 있는가? 십자가를 통해 어떤 변화가 일어났는가? 우리는 이런 문제들을 칭의 개념과 연관 지어 살펴보아야 한다.

"칭의"는 성경에서 발견되는 난해한 신학 용어 가운데 하나다. 그러나 칭의라는 용어에 복음의 핵심 내용이 담겨 있다. 오늘날 많은 교회가 칭의의 개념을 뚜렷이 확립하고 있지 못한 것은 매우 안타까운 일이다.

인간은 죄를 지은 존재이고 반면에 하나님은 정의롭고 거룩하신 분이라는 대조적인 사실에서 속죄의 필요성이 대두된다. 하나님은 의로우시고 인간은 의롭지 못하다는 것이 문제다. 이 문제를 두 개의 원으로 표현하면 다음과 같다. 어떻게 우리는 거룩하시고 의로우신 하나님과 불의하고 타락한 인간 사이에 존재하는 갈등을 화해시킬 수 있을까?

오른쪽 원이 인간의 상태를 나타낸다고 상상해 보자. 죄를 지

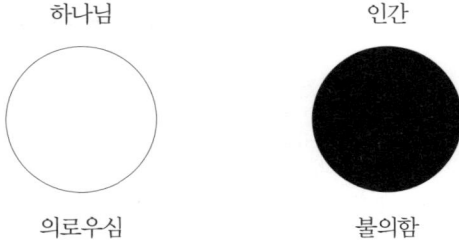

으면, 그 죄는 인간의 타락한 성품에 온갖 종류의 흔적, 곧 도덕적인 오점을 남긴다. 인간이 거듭 죄를 지어 죄가 인간의 삶 속으로 더욱 깊숙이 침투할 경우에는 위의 원에 하나둘씩 여러 개의 점을 그려 넣게 될 것이다.

그렇다면 하나님의 완전하신 기준으로 판단할 때, 우리는 과연 원의 얼마만큼을 검게 칠해야 할 것인가? 한마디로 전부 다 검게 칠해야 한다. 인간은 전적으로 부패했기 때문이다. 죄는 단지 우리 삶 주변에만 영향을 끼치는 것이 아니다. 우리 존재 안에 깊숙이 침투한다. 우리의 영혼 안에는 죄가 영향을 끼치지 않는 의로운 부분이 단 한 구석도 존재하지 않는다. 죄는 인간의 전인격에 영향을 끼친다.

전적 타락과 완전 타락

인간의 타락한 상태를 둘러싸고 많은 오해가 빚어지고 있다. 개혁주의는 인간의 타락한 상태를 묘사하기 위해 종종 "전적 타락"이라는 용어를 사용한다. 사람들은 전적 타락이라는 용어를 들으면 거부감을 표하는 경향이 있다. 전적 타락과 완전 타락의 개념을 혼동하기 때문이다. 완전 타락은 인간이 타락할 수 있을 만큼 완전히 타락한 상태를 말한다. 나는 완전히 타락한 상태에 이른 사람이 있다고 생각하지 않는다. 죄를 억제하는 하나님의 은혜와 능력이 우리로 하여금 완전 타락의 상태에 이르는 것을 막아준다.

이와 대조적으로 전적 타락은 인간이 악할 대로 완전히 악해진 상태라는 개념을 함축하지 않는다. 우리가 아무리 많은 죄를 지어 왔다고 하더라도 여전히 더 악한 죄를 지을 가능성이 항상 존재한다. 즉 우리는 지금까지 저질러 온 죄보다 더 무섭고 심각한 죄를 지을 가능성을 갖고 있다.

종교개혁자들이 말한 전적 타락은 죄의 능력과 영향력과 성향이 인간의 전인격에 영향을 끼친다는 개념을 함축한다. 인간의 몸도, 마음도, 생각도 모두 타락했다. 한마디로 인간은 단 한 곳도 성한 곳 없이 전적으로 죄의 영향을 받는다. 죄는 인간의 사고와 대화, 행위 전체에 영향을 끼친다. 인간의 전인격이 모두 타락했다. 이것이 바로 전적 타락이 의미하는 바다.

의인은 없다

사도 바울은 인간의 전적 타락을 염두에 두고 "의인은 없나니 하나도 없으며 …… 선을 행하는 자는 없나니 하나도 없도다"(롬 3:10, 12)라고 말했다. 어떤 면에서 이것은 매우 과격한 발언이다. 바울은 타락한 인간은 단 하나의 선도 행하지 않는다고 말했다. 하지만 언뜻 보면 이런 말은 우리의 경험에 위배되는 듯하다. 우리는 주위에서 그리스도인이 아니면서도 칭찬을 들을 만한 훌륭한 일을 행하는 사람들을 찾아볼 수 있다.

그리스도인이 아닌데도 자기를 희생하여 영웅적인 업적을 달성하는 사람도 있고, 다른 사람들에게 친절과 도움을 베푸는 사람도 많다. 칼빈은 이것을 가리켜 "세상의 의"(civil righteousness)라고 표현했다.

하지만 선을 행하는 자가 아무도 없다는 말씀은 반드시 성경의 관점에서 생각해야 한다. 선에 대한 우리의 개념과 성경의 개념이 서로 다르기 때문이다. 무엇보다도 성경에서는 하나님의 율법이 인간의 외적 행위를 판단하는 잣대가 된다. 예를 들어, 율법은 도둑질하지 말라고 명령한다. 우리가 일생 동안 남의 물건을 훔치지 않고 산다면 외적으로는 율법을 지키며 사는 셈이 된다. 그럴 경우 최소한 외적인 행위에서만큼은 올바른 삶을 살았다고 말할 수 있다.

그러나 성경은 외적 행위를 판단하는 율법만을 제시하지 않는다. 성경에 따르면, 하나님은 마음의 생각과 동기를 감찰하신다. 우리는 외모로 판단하지만 하나님은 마음을 보신다. 결국 성경의 관점에서 본 진정한 선행은 외적으로 율법의 기준에 부합해야 할 뿐더러 하나님을 사랑하고 그분을 영화롭게 하려는 마음에서 우러나온 행위여야 한다는 것을 알 수 있다. 그리스도는 "네 마음을 다하여 하나님을 사랑하라"(마 22:37)고 명령하셨다. 가만히 생각해 보자. 이 세상에 단 5분이라도 마음을 다하여 하나님을 사랑한 사람이 있을까? 결코 없을 것이다. 그 누구도 마음을 다하고 목숨을 다하고 뜻을 다하여 하나님을 사랑한 사람은 없다.

나 역시 하나님을 알기 위해 온전히 힘쓰지 않았다. 이 일에 대해 장차 심판의 날에 책임을 지게 될 것이다. 나는 살아오면서 게으르고 나태한 적이 많아서 온전히 하나님을 알고 그분을 사모하는 삶을 추구하지 못했다. 한마디로 마음을 다해서 그분을 사랑하지 않았다. 내가 마음을 다해 하나님을 사랑했다면 내 마음에 불순한 생각이 조금도 존재하지 않아야 한다. 하지만 내 마음은 결코 그런 상태에 도달할 수 없다.

이처럼 하나님의 관점에서 인간의 행위를 판단하면, 바울이 의인은 한 사람도 없고 선을 행하는 자도 없다는 단호한 결론에 이르게 된 이유를 알 수 있다. 타락한 인간에게는 선이 없다. 인간이 행한 가장 훌륭한 일에도 항상 그 안에는 죄가 존재한다. 내 경우에도 전적으로 하나님만 사랑하는 순수한 마음으로 친절과 자선과 희생적 행위를 한 적이 없다. 겉으로 보면 신자나 불신자 모두 덕스러운 행위를 하는 것처럼 보인다. 그러나 하나님은 외적 행위와 마음을 모두 보신다. 하나님의 엄격한 기준으로 보면 우리는 결코 완전할 수 없다. 죄로 인해 인간의 상태는 마치 먹칠이 된 원처럼 되고 말았다.

인간

불의한 인간이 의로워지다

어떻게 불의한 인간이 하나님 앞에 설 수 있을까? 어떻게 불의한 인간이 의롭다 함을 받을 수 있을까? 인간은 과연 처음부터 다시 시작할 수 있을까? 자신의 죄를 지울 수 있을까? 불행히도 인간은 자신의 죄를 결코 지울 수 없다. 일단 죄를 지으면 다시 완전해질 수 없다. 인간은 이미 원죄를 지었기 때문에 완전함을 상실한 상태다. 이것은 매우 심각한 문제다.

선하신 하나님이 오래 참음으로 자비를 베푸시는 까닭에 죄를 심각하게 여기지 않는 사람도 있다. 하나님이 공의의 원칙을 포기하신다면 인간의 죄를 눈감아주실 수 있지만, 재판관이신 하나님은 결코 공의의 원칙을 굽히지 않으신다. 악을 징벌하지 않는 재판관은 의롭고 선한 재판관과는 거리가 멀다.

여기에서 중보자의 역할이 필요하다. 그리스도는 우리의 중보자로 오셨다. 속죄의 문제를 생각할 때, 우리는 그리스도의 죽으심을 통해 우리가 구원받게 된다고 믿는 경향이 있다. 그러나 그리스도의 죽으심에만 관심을 기울이면 속죄의 매우 중요한 의미를 지나칠 가능성이 높다.

주일학교 아이들에게 "예수님이 너를 위해 무엇을 하셨니?"라고 묻는다면, "내 죄를 위해 돌아가셨어요"라고 대답할 것이다. 그렇지만 예수님이 하신 일이 십자가에서 죽는 일뿐이었다면, 30세 성년으로 하늘에서 내려와 단순히 죽으시기만 할 것이지 왜 태어나셔서 서른이 넘도록 사셔야 했을까 하는 의문이 남는다.

속죄란 의로우신 그리스도가 불의한 인간을 위해 죽으셨다는 사실에 근거한다. 그러나 예수 그리스도는 구원자가 되기 위해 먼저 완전한 삶을 사셔야 했다. 다시 말해 정의의 법정에 설 수 있는 의로운 자격 요건을 갖추셔야 했다. 이렇듯 우리는 칭의 문제를 생각할 때 이중적인 전가가 이루어졌다는 사실을 종종 간과한다.

칭의_ 이중적인 전가

이중적인 전가를 설명하자면 이렇다. 흰색 원은 죄가 없으신 예수님을 나타낸다. 세례 요한은 예수님을 가리켜 "보라 세상 죄를 지고 가는 하나님의 어린양이로다"(요 1:29)라고 말했다. 하나님의 어린양이신 예수 그리스도는 흠이 없으시다. 예수님은 그분을 대적하는 사람들에게 자신의 죄를 입증해 보라고 말씀하셨다. 그렇지만 아무도 예수님의 죄를 입증할 수 없었다. 심지어 예수님을 재판한 본디오 빌라도조차 아무런 죄를 발견하

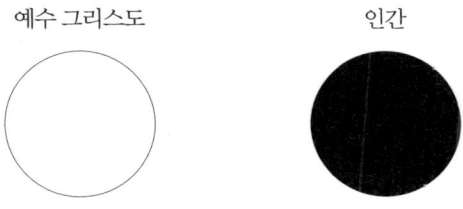

지 못했다고 말했다.

예수님은 율법을 온전히 지키셨다. 그분 안에는 어두운 흔적이나 흠이나 죄가 전혀 없었다. 그분의 "양식"은 하나님 아버지의 뜻을 행하는 것이었다(요 4:34). 그리스도는 주의 전을 사모하는 열정으로 불타올랐다(요 2:17). 그분은 오직 하나님께 복종하는 마음으로 사셨다. "내가 스스로 아무것도 하지 아니하고 오직 아버지께서 가르치신 대로 이런 것을 말하며 …… 나와 아버지는 하나이니라"(요 8:28, 10:30-31 참조). 이 말을 듣는 순간 예수님의 원수들은 돌을 들어 치려고 했다.

칭의 문제와 관련된 당사자는 모두 셋이다. 인간, 하나님, 중보자이신 그리스도다. 이 가운데 인간은 불의하고, 하나님과 그리스도는 의로우시다. 신약성경이 말하는 의는 "법정적인 의"다. 법정적인 의는 형식적인 행위, 곧 권위적이고 법적인 선언에 기초한다. 즉 하나님의 재판정에서 의롭다고 선언되는 것을 뜻한다. 이처럼 우주의 재판관이신 하나님이 "너는 의롭다"고 선언할 때, 칭의는 이루어진다.

문제는 하나님이 과연 어떤 근거로 불의한 우리를 향해 "의롭다"고 말씀하시느냐는 것이다. 여기에서 어떻게 불의한 인간이 의롭다 함을 받느냐 하는 문제가 다시 대두된다. 이에 대한 대답은 성경에 나오는 "전가"라는 개념에서 찾을 수 있다. 구약 시대에 속죄염소가 백성의 죄를 짊어졌듯이, 하나님의 어린양이신 예수 그리스도가 우리의 죄를 짊어지신다. 제사장은 속죄염소에게 안수했다. 이것은 백성의 죄가 속죄염소에게 전이 또는 전가되었다는 것을 상징했다.

우리의 죄가 그리스도에게 전가되다

인간이 의롭다 함을 받을 때, 이중적인 전가가 이루어진다. 먼저 우리의 죄책이 그리스도에게 전가된다. 그리스도는 기꺼이 우리의 죄를 짊어지신다. 일단 우리 죄가 그리스도께 전가되면 하나님은 그리스도를 죄인으로 여기신다. 즉 우리 죄가 전이되어 그리스도께서 우리 대신 죄인이 되시는 것이다.

하지만 전가가 죄의 전가에만 국한된다면, 우리는 결코 의롭다 함을 받을 수 없다. 예수 그리스도께서 내가 지은 죄와 형벌을 짊어지셨다고 해도 그것만으로 내가 하나님 나라에 갈 수 있는 것은 아니다. 비록 지옥에 가는 것은 면했더라도 나는 여전히 불의한 상태다. 외적으로는 결백한 상태가 되었다 하더라도 나는 여전히 불의하다. 결코 의롭다고 주장할 수 없다.

결백하다고 해서 하나님 나라에 들어갈 수 있는 것은 아니다. 의롭게 되어야만 하나님 나라에 들어갈 수 있다. 우리 의가 서기관과 바리새인의 의를 능가하지 못한다면, 결코 하나님 나라에 들어갈 수 없다(마 5:20 참조). 죄책이 제거된 상태로는 아무런 의나 공로도 주장할 수 없다.

그리스도의 의가 우리에게 전가되다

그러므로 반드시 이중적인 전가가 이루어져야 한다. 즉 우리의 죄가 그리스도에게 전가되어야 할 뿐 아니라, 그리스도의 의가 우리에게 전가되어야 한다. 그리스도의 의가 우리에게 전가되면 우리는 하나님 보시기에 깨끗한 상태의 원이 된다. 하나님은 결코 나를 거짓으로 의롭다고 하지 않으신다. 의롭다 함을 받는 것은 결코 형식적인 법적 허구가 아니다.

전가가 허구라면, 하나님의 칭의 선언도 거짓이 될 수밖에 없다. 만일 그렇다면 하나님이 거짓된 성품을 지니신 흠 있는 존재라는 것이 된다. 하지만 전가는 허구가 아닌 실재다. 하나님은 실제로 내 죄를 그리스도에게 전가하셨고, 그리스도의 의를 내게 전가하셨다. 그리스도 안에 있는 자들은 진정으로 그분과 연합한다. 우리는 전가에 의해 그리스도의 의를 소유한다. 그리스도는 우리의 의이시다.

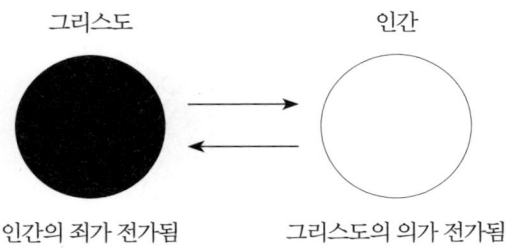

그러므로 그분은 우리의 구원자이시다. 그리스도는 죽으셨을 뿐만 아니라 다시 사셨기 때문에 우리를 구원하실 수 있다. 그분의 공로가 없었다면 속죄는 아무런 효력도 갖지 못했을 것이다. 그분의 복종이 없었다면 십자가의 죽음은 단순한 비극으로 그치고 말았을 것이 분명하다. 이처럼 이중적인 전가가 이루어져야만 하나님은 우리를 의롭다고 선언하신다.

이중적인 전가의 개념을 이해할 수 있을 때, 우리는 비로소

"시물 유스투스 에트 페카토르"(simul justus et peccator)라는 루터의 유명한 문구가 구원의 본질을 정확히 표현하고 있다는 사실을 알 수 있다. "시물"은 "동시에"를 뜻하는 라틴어다. "유스투스"는 "의로운"을, "에트"는 "그리고"를, "페카토르"는 "죄인"을 뜻한다. 따라서 "시물 유스투스 에트 페카토르"는 "의인인 동시에 죄인"이라는 뜻이다. 이것이 바로 칭의 교리의 핵심이다.

그리스도 안에 있는 사람은 의인인 동시에 죄인이다. 이는 진정 복음이 아닐 수 없다. 하나님 나라에 들어가려면 내 안에 모든 죄가 사라질 때까지 기다려야 하는데 그러한 일은 결코 이루어질 수 없기 때문이다.

오직 믿음으로 얻는 의

예수 그리스도를 영접하는 순간에 그분이 행한 모든 것이 내게 적용된다. 믿음을 갖는 순간 그분의 의를 포함하여 모든 것이 내 것이 된다. "의인인 동시에 죄인"이라는 루터의 말은 내가 믿는 순간에 그리스도의 의가 내게 전가되어 하나님 앞에서 의롭다 함을 받는다는 뜻이다.

나를 의롭게 하는 것은 바로 그리스도의 의다. 그리스도는 내가 받아야 할 징벌을 대신 받고 죽으셨다. 나는 이제 영원히 그분의 생명을 누리게 되었다. 내 모든 의는 그리스도 안에 있다. 그와 동시에 나는 그리스도의 속죄를 통해 구원받아야 할 죄인이다.

성경은 그리스도의 의와 공로를 내 것으로 삼을 유일한 길이 믿음이라고 가르친다. 우리는 스스로의 노력이나 공로로 의롭게 될 수 없다. 오직 그리스도의 의를 믿고 의지해야 한다.

이신칭의란 오직 그리스도만을 믿는 믿음으로 의롭다 함을 받는 것, 곧 그분의 공로와 의와 생명과 죽음을 믿어 거룩하신 하나님 앞에서 의롭다 함을 받는 것이다. 그리스도가 없으면 우리에게 아무런 희망도 없다. 우리가 하나님께 드릴 수 있는 것은 고작 우리의 "불의"밖에 없기 때문이다.

히브리서 기자는 "우리가 이같이 큰 구원을 등한히 여기면 어찌 그 보응을 피하리요"(히 2:3)라고 말했다. 어떻게 하나님의 진노를 피할 수 있을까? 우리 힘으로는 불가능하다. 불의한 인간은 의로우신 하나님 앞에서 결코 살아남을 수 없다.

그러므로 의롭다 함을 받아야 한다. 우리의 의를 내세우든지, 아니면 종교개혁자들이 말한 대로 우리의 의가 아닌 그리스도의 의를 의지하든지 둘 중 하나를 선택해야 한다. 하지만 의롭다 함을 받을 수 있는 의는 오직 그리스도의 의밖에 없다.

Saved For What?

Part 3

무엇을 위해 구원받는가

Saved For What?

Chapter · 8
아들 됨과 최고의 복

최근 몇 년 동안 나는 "마음을 새롭게"라는 라디오 프로그램의 강사로 일해 왔다. 녹화방송인 이 프로그램은 매일 전국에 방송된다. 우리는 올랜도에 있는 라디오 스튜디오로 찾아온 청중 약 30여 명 앞에서 메시지를 전하며 그 내용을 녹화한다. 일주일에 두 번씩 모였는데, 한 번 모일 때마다 서너 차례의 강연을 했다. 청중 가운데는 프로그램이 처음 시작할 때부터 줄곧 참석해 온 한 부부가 있다. 그 부부는 녹화 모임에 한 번도 빠지지 않았다. 종종 새로 참석한 방문객들이 있었기 때문에 나는 스튜디오를 돌아다니며 각 사람에게 자신을 소개해 달라고 권했다. 그 부부 앞에 가서 소개를 부탁하면, 항상 남편이 "제 이름은 해럴드 쉘렌베르크입니다. 이곳에 오게 되어 기쁩니다"라고 대답하며 밝은 미소를 지어 보였다.

해럴드는 심각한 병에 걸려 있었다. 진단 결과 다발성 뇌종양이었는데, 이미 말기에 이른 상태였다. 악성 종양이었기 때문에 해럴드의 몸은 빠른 속도로 쇠약해졌다. 그는 날마다 점점 더 기력을 잃는 것 같았다. 그런 그를 헌신적인 아내 이브가 매순간 극진히 보살폈다. 이브는 해럴드를 휠체어에 태우고 매주 녹화 모임에 나왔다. 병이 막바지에 이르러 시력을 잃고서도 그는 여전히 녹화 모임에 참석했다. 해럴드는 늘 같은 말로 자신을 소개하며, 언제나 꾸밈없는 시원한 웃음을 우리 모두에게 선사했다.

해럴드는 내가 만나 본 사람 가운데 가장 친절한 사람이었다. 그는 불평을 할 줄 몰랐다. 녹화 모임이 끝날 즈음에 "해럴드, 괜찮아요?"라고 물으면, 그는 "네, 주님이 저를 돌봐주시기 때문에 아무렇지도 않습니다"라고 대답했다.

해럴드는 성경과 교회를 사랑했다. 어쩌면 그가 주일에 사망한 것은 지극히 당연한 일이었다. 그는 안식의 날에 영원한 휴식을 얻은 것이다. 나는 그가 숨을 거두는 순간 이 세상에서 영광스런 하나님 나라로 옮겨진 모습을 상상해 보았다. 그는 3차원의 세계를 넘어 그리스도가 계시는 곳으로 즉시 옮겨졌다. 바울은 우리가 "몸을 떠나 주와 함께 있는 그것"(고후 5:8)이 훨씬 낫다고 말했다.

내가 해럴드의 장례식에서 조사(弔詞)를 한 것은 참으로 큰 특권이었다. 나는 장례식 조사를 하며 하늘나라에 들어가는 그의 모습을 상상할 수 있었다. 영광 속으로 들어가는 순간 그는 예수 그리스도의 얼굴을 보며 이렇게 말했을 것이다. "안녕하세요, 예수님. 제 이름은 해럴드 쉘렌베르크입니다. 여기에 오게 되어 기쁩니다."

사는 것이 그리스도니 죽는 것도 유익함이라

성도가 죽는 것을 지켜보는 것은 참으로 귀한 일이다. 하나님은 성도의 죽음을 사랑스레 여기신다. 어떻게 살 것인지에 대한 조언과 충고는 많지만, 어떻게 죽을 것인지에 대한 가르침은 별로 없다. 청교도는 거룩한 삶뿐 아니라 거룩한 죽음에도 관심을 기울였다.

우리는 삶의 목적이 죽음 너머에 있다는 사실을 종종 망각한다. "이 세상, 이 세상, 나의 집은 아니요"라는 복음성가를 부르지만, 세상을 살아가노라면 자기도 모르게 우리가 지향해야 할 목적에서 시선이 벗어날 때가 적지 않다. 우리는 장차 누리게 될 영원한 삶보다 이 세상이 더 좋은 것처럼 집착에 빠질 때가 많다. 그러한 우리의 태도는 바울과 크게 대조된다.

> 이것이 너희의 간구와 예수 그리스도의 성령의 도우심으로 나를 구원에 이르게 할 줄 아는 고로 나의 간절한 기대와 소망을 따라 아무 일에든지 부끄러워하지 아니하고 지금도 전과 같이 온전히 담대하여 살든지 죽든지 내 몸에서 그리스도가 존귀하게 되게 하려 하나니 이는 내게 사는 것이 그리스도니 죽는 것도 유익함이라 그러나 만일 육신으로 사는 이것이 내 일의 열매일진대 무엇을 택해야 할는지 나는 알지 못하노라 내가 그 둘 사이에 끼었으니 차라리 세상을 떠나서 그리스도와 함께 있는 것이 훨씬 더 좋은 일이라 그렇게 하고 싶으나 내가 육신으로 있는 것이 너희를 위하여 더 유익하리라(빌 1:19-24).

바울은 서로 상반되는 두 가지 욕망 속에서 갈등했다. 그는 이 세상을 떠나고 싶은 마음이 간절했지만, 동시에 교인들의 필요를 충족시켜주기 위해 세상에 더 머물 수밖에 없다고 생각했다. 이는 어느 것이 좋고 나쁜지의 차원이나, 어느 것이 더 좋은지의 차원에서 비교할 수 있는 문제가 아니다. 이 세상의 삶과 하늘나라의 삶은 서로 비교할 수 없다. 두말할 것도 없이 하늘나라의 삶이 훨씬 좋기 때문이다.

바울은 이 세상의 삶을 멸시하지 않는다. 이 세상의 삶도 좋다. 우리는 이 세상의 삶을 온전히 즐기고 싶어한다. 세상도 하나님 아버지의 것이다. 그러므로 우리는 이 세상을 경멸해서는 안 된다. 세상에서도 우리는 얼마든지 하나님과 그리스도와 성령의 임재를 느끼며 살아간다.

그러나 이 세상의 휘장을 통과해 그리스도가 계시는 영광스런 하늘나라에 이르는 경험은 전혀 새로운 차원이다. 하늘나라에서는 그리스도를 직접 볼 수 있다.

바울은 사느냐 죽느냐 하는 고민에 빠진 것이 아니었다. 떠나느냐 머무느냐 하는 문제였다. 그는 이 세상의 고통을 벗어버리기 위해 세상을 떠나고자 한 것이 결코 아니었다. 단지 탈출구를 찾기 위해서가 아니라, 그리스도와 함께 거하는 영광스런 삶을 누리고 싶어서 세상을 떠나고 싶어했다. 이처럼 그는 그리스도와 함께 거하고 싶은 간절한 소망을 가졌다.

그리스도와 함께 거하는 삶

그리스도인은 죽은 뒤에 그리스도와 함께 거한다. 이것은 예수님의 약속이다.

> 너희는 마음에 근심하지 말라 하나님을 믿으니 또 나를 믿으라 내 아버지 집에 거할 곳이 많도다 그렇지 않으면 너희에게 일렀으리라 내가 너희를 위하여 거처를 예비하러 가노니 가서 너희를 위하여 거처를 예비하면 내가 다시 와서 너희를 내게로 영접하여 나 있는 곳에 너희도 있게 하리라 내가 어디로 가는지 그 길을 너희가 아느니라(요 14:1-4).

예수님이 다락방에서 제자들에게 이런 말씀을 하신 이유는 그들이 근심하지 않도록 하기 위함이었다. 예수님은 아버지의 집에 거할 곳이 많다고 하셨다.

제자들과 헤어져야 할 때가 임박하자, 예수님은 먼저 가서 함께 살게 될 때를 위해 준비하겠다고 약속하셨다. "나 있는 곳에 너희도 있게 하리라"는 것이 그분의 약속이었다.

예수님은 제자들에게 더욱 큰 위로와 확신을 주기 위해 다음과 같은 말씀을 덧붙이셨다.

> 내가 아직 너희와 함께 있어서 이 말을 너희에게 하였거니와 보혜사 곧 아버지께서 내 이름으로 보내실 성령 그가 너희에게 모든 것

을 가르치고 내가 너희에게 말한 모든 것을 생각나게 하리라 평안을 너희에게 끼치노니 곧 나의 평안을 너희에게 주노라 내가 너희에게 주는 것은 세상이 주는 것과 같지 아니하니라 너희는 마음에 근심하지도 말고 두려워하지도 말라 내가 갔다가 너희에게로 온다 하는 말을 너희가 들었나니 나를 사랑하였더라면 내가 아버지께로 감을 기뻐하였으리라 아버지는 나보다 크심이라(요 14:25-28).

그리스도 안에서 아들이 되다

우리가 하늘나라에 갈 수 있는 이유는 그리스도 안에서 하나님의 양자가 되었기 때문이다. 우리는 하나님 아버지의 가족으로 선택받았기 때문에 하늘나라의 집에 거할 수 있다. 우리는 하나님 아버지의 자녀로서 그분의 상속자다. 바울은 우리가 하나님의 양자가 되었다는 사실을 증언했다.

무릇 하나님의 영으로 인도함을 받는 사람은 곧 하나님의 아들이라 너희는 다시 무서워하는 종의 영을 받지 아니하고 양자의 영을 받았으므로 우리가 아빠 아버지라고 부르짖느니라 성령이 친히 우리의 영과 더불어 우리가 하나님의 자녀인 것을 증언하시나니 자녀이면 또한 상속자 곧 하나님의 상속자요 그리스도와 함께 한 상속자니 우리가 그와 함께 영광을 받기 위하여 고난도 함께 받아야 할 것이니라 생각하건대 현재의 고난은 장차 우리에게 나타날 영광과 비교할 수 없도다(롬 8:14-18).

사도 요한은 그리스도 안에서 양자가 된 사실과 우리의 미래의 축복이 서로 밀접한 관련을 맺고 있다는 점을 분명히 보여 준다.

> 보라 아버지께서 어떠한 사랑을 우리에게 베푸사 하나님의 자녀라 일컬음을 받게 하셨는가, 우리가 그러하도다 그러므로 세상이 우리를 알지 못함은 그를 알지 못함이라 사랑하는 자들아 우리가 지금은 하나님의 자녀라 장래에 어떻게 될지는 아직 나타나지 아니하였으나 그가 나타나시면 우리가 그와 같을 줄을 아는 것은 그의 참모습 그대로 볼 것이기 때문이니 주를 향하여 이 소망을 가진 자마다 그의 깨끗하심과 같이 자기를 깨끗하게 하느니라(요일 3:1-3).

사도 요한은 우리가 지으심을 받은 궁극적인 목적을 강조한다. 그는 구원의 정점, 곧 우리가 누리게 될 가장 높은 영광에 관해 증언한다. "보라"는 주의를 기울이라는 명령어다. 가만히 멈추어 장차 일어날 일들을 깊이 생각해 보라는 뜻을 갖는다. "보라 아버지께서 어떠한 사랑을 우리에게 베푸사 하나님의 자녀라 일컬음을 받게 하셨는가"라는 요한의 말은, 잠시 모든 것을 멈추고 구원을 위한 하나님의 극진하신 사랑을 깊이 생각하게끔 만든다.

사랑에는 여러 가지가 있다. 풋사랑, 성적인 사랑, 낭만적인 사랑, 정신적인 사랑 등 우리는 다양한 종류의 사랑을 생각해 볼 수 있다. 요한은 무엇보다 우리를 하나님의 자녀라고 불리게 만든 사랑이 과연 어떤 사랑인지 생각해 보라고 권한다.

"잠잠하라, 고요하라"

하나님의 사랑은 다른 사랑과는 근본적으로 다른 범주에 속한다. 우리는 이런 사실을 마가복음 4장 35-41절에 기록된 말씀과 연관해서 생각해 볼 수 있다. 갈릴리 바다에 느닷없이 사나운 폭풍이 몰아쳐 왔을 때, 예수님은 배 뒤편에서 주무시고 계셨다. 지중해에서 불어온 광풍이 갈릴리 바다를 온통 파도로 출렁이게 만들었다. 고기잡이로 잔뼈가 굵은 제자들조차도 배가 침몰할까 봐 두려워할 정도였다.

공포에 사로잡힌 그들은 예수님을 깨우며 "선생님이여 우리가 죽게 된 것을 돌보지 아니하시나이까?"라고 호소했다. 예수님은 잠에서 깨어나 상황을 판단하셨다. 그분은 금방이라도 배를 전복시킬 것만 같은 사나운 광풍과 파도를 바라보셨다. 그러고는 놀라운 일을 행하셨다.

예수님은 바람과 물을 창조하신 분으로서 마치 만물을 창조하실 당시처럼 위엄 있는 음성으로 "잠잠하라, 고요하라"고 말씀하셨다. 그러자 바다가 즉시 유리알처럼 잔잔해졌다. 갈릴리 바다에는 실바람 한 점 없는 절대적인 정적이 찾아왔다. 바다가 잠잠해짐과 동시에 제자들의 두려움과 근심도 말끔히 사라져야 했다. 하지만 그렇지 않았다. 그들은 오히려 더욱 두려워했다. 눈앞의 위협이 사라졌는데도 제자들의 두려움은 증폭되었다. 그들은 갑자기 절대적인 타자(他者) 앞에 서 있는 듯한 두려움에 사로잡혔다.

사나운 광풍과 파도를 말 한마디로 잠잠케 할 수 있는 존재 앞에서 과연 어떤 반응을 보일 수 있을까? 자신들 앞에 절대적인 타자가 존재한다는 사실을 깨닫는 순간, 제자들은 사나운 폭풍 앞에서보다 더욱 큰 두려움을 느꼈다. 그들은 "그가 누구이기에 바람과 바다도 순종하는가?"라고 놀라워했다. 예수님은 인간의 범주를 초월하신 절대자, 곧 홀로 뛰어나신 존재였다. 제자들은 지금까지 그와 같은 존재를 결코 보지 못했다. 그들은 놀라며 두려워하지 않을 수 없었다.

사도 요한도 이와 같은 놀라움을 드러내고 있다. 요한은 우리를 아들로 삼은 하나님의 사랑 앞에서 크게 놀라워했다. 그는 "보라 아버지께서 어떠한 사랑을 우리에게 베푸사 하나님의 자녀라 일컬음을 받게 하셨는가, 우리가 그러하도다"라고 경탄했다. 이처럼 하나님의 사랑은 인간의 범주를 초월하는 특별한 사랑이다.

하나님의 자녀라는 놀라운 현실

요즘 사람들은 이러한 경이감을 잃고 사는 것처럼 보인다. 하나님의 자녀가 되었다는 사실에도 별로 놀라워하지 않는다. 우리는 하나님의 자녀라는 것을 당연시한다. 그런 말을 쉽게, 또 자주 들어온 까닭에 우리 자신이 본질상 하나님의 자녀인 것처럼 생각한다.

하지만 결코 그렇지 않다. 성경은 우리가 본질상 진노의 자녀라고 증언한다. 하나님이 만민의 아버지이며, 모든 사람이 형제라는 말은 사실 성경의 사상이 아니다. 성경은 다만 모든 사람이 이웃이라고 말할 뿐이다. 모든 사람은 내 이웃이며, 나는 그들을 기독교적인 사랑으로 대해 줄 수 있다. 그러나 모든 사람이 다 내 형제이자 자매는 아니다. 형제와 자매가 되는 것은 오직 양자를 통해서만 가능하다. 예수님은 본질적으로 하나님의 참된 아들이시지만, 나머지 사람들은 그리스도 안에서 양자가 되어야만 하나님의 가족이 될 수 있다.

우리는 하나님의 자녀가 된 것을 당연한 듯 생각하지만, 초대 교회의 신자들은 결코 그렇지 않았다. 그들은 하나님의 자녀가 된다는 것을 감히 상상할 수 없었다. 그런 점에서 양자의 개념은 그들에게 참으로 혁신적인 생각이었다. 사도 요한은 전능하신 하나님이 자신들을 자녀로 받아들이셨다는 사실에 경탄하지 않을 수 없었다.

하나님의 자녀가 되었다는 사실이 얼마나 놀라운 것인지 설명할 수 있는 예화를 구약성경에서 찾아볼 수 있다. 구약성경에 보면 요나단의 절름발이 아들 므비보셋에 관한 일화가 나온다. 사울과 요나단이 죽은 뒤, 다윗의 부하 장수들은 장래에 다윗 왕의 보좌를 넘볼지도 모르는 정치적 불씨를 말끔히 없앨 목적으로 사울 왕가에 속한 모든 생존자를 제거하기로 했다. 그러한 정치적 숙청은 다윗의 생각이 아니었다. 그는 굳이 사울 왕가의 원한을 사고 싶지 않았다.

사울과 요나단의 전사 소식을 전해 들은 다윗은 오히려 슬퍼

했다. 그는 사울 왕가의 붕괴를 애도하며 "활의 노래"를 지어 유다 백성에게 가르치게 했다.

이스라엘아 네 영광이 산 위에서 죽임을 당하였도다 오호라 두 용사가 엎드러졌도다 이 일을 가드에도 알리지 말며 아스글론 거리에도 전파하지 말지어다 블레셋 사람들의 딸들이 즐거워할까, 할례 받지 못한 자의 딸들이 개가를 부를까 염려로다 길보아 산들아 너희 위에 이슬과 비가 내리지 아니하며 제물 낼 밭도 없을지어다 거기서 두 용사의 방패가 버린 바 됨이니라 곧 사울의 방패가 기름 부음을 받지 아니함같이 됨이로다 죽은 자의 피에서, 용사의 기름에서 요나단의 활이 뒤로 물러가지 아니하였으며 사울의 칼이 헛되이 돌아오지 아니하였도다 사울과 요나단이 생전에 사랑스럽고 아름다운 자이러니 죽을 때에도 서로 떠나지 아니하였도다 그들은 독수리보다 빠르고 사자보다 강하였도다(삼하 1:19-23).

이 애가는 요나단을 향한 다윗의 지극한 사랑을 나타낸다. 26절을 보자.

내 형 요나단이여 내가 그대를 애통함은 그대는 내게 심히 아름다움이라 그대가 나를 사랑함이 기이하여 여인의 사랑보다 더하였도다.

요나단을 사랑했던 다윗은 신하들에게 그의 가문 중에 생존자가 있는지 찾아보라고 했다. 그리고 요나단의 아들 가운데 므비보셋이란 유일한 생존자가 숨어 지낸다는 소문이 다윗에게 전해졌다. 그는 두 다리를 저는 장애인이었다. 다윗은 사람들을 보내어 그를 찾게 했고, 마침내 므비보셋을 찾았다.

우리는 다윗 왕의 군사들이 문을 두드리는 소리를 듣고 므비보셋을 보호하고 있던 여인이 느꼈을 큰 공포를 익히 짐작할 수 있다. 언제 다윗 왕의 군사가 들이닥쳐 므비보셋을 죽일지 모른다는 두려움 속에서 살고 있던 여인은 마침내 올 것이 오고 말았다고 생각했을 것이다.

어쨌든 므비보셋은 다윗 왕의 군사들에게 붙잡히고 말았다. 므비보셋 자신도 공포에 사로잡혀 울며 도움을 요청했을 것이다. 그는 잔인하게 살해될 것이라는 생각 말고는 다른 생각을 할 수 없었다. 군사들은 그를 예루살렘으로 데려가 다윗 왕 앞으로 인도했다. 성경은 이때의 상황을 이렇게 기록한다.

> 사울의 손자 요나단의 아들 므비보셋이 다윗에게 나아와 그 앞에 엎드려 절하매 다윗이 이르되 므비보셋이여 하니 그가 이르기를 보소서 당신의 종이니이다 다윗이 그에게 이르되 무서워하지 말라 내가 반드시 네 아버지 요나단으로 말미암아 네게 은총을 베풀

리라 내가 네 할아버지 사울의 모든 밭을 다 네게 도로 주겠고 또 너는 항상 내 상에서 떡을 먹을지니라 하니 그가 절하여 이르되 이 종이 무엇이기에 왕께서 죽은 개 같은 나를 돌아보시나이까 하니라 왕이 사울의 시종 시바를 불러 그에게 이르되 사울과 그의 온 집에 속한 것은 내가 다 네 주인의 아들에게 주었노니 너와 네 아들들과 네 종들은 그를 위하여 땅을 갈고 거두어 네 주인의 아들에게 양식을 대주어 먹게 하라 그러나 네 주인의 아들 므비보셋은 항상 내 상에서 떡을 먹으리라 하니라 시바는 아들이 열다섯 명이요 종이 스무 명이라 시바가 왕께 아뢰되 내 주 왕께서 모든 일을 종에게 명령하신 대로 종이 준행하겠나이다 하니라 므비보셋은 왕자 중 하나처럼 왕의 상에서 먹으니라(삼하 9:6-11).

므비보셋은 왕의 식탁에서 함께 음식을 먹는 특권을 누리게 되었다. 특별히 한두 번만 그런 것이 아니라 항상 누릴 수 있는 특권이었다. 그는 왕의 아들처럼 대우받았다.

므비보셋 일화는 하나님의 양자가 된다는 것이 무엇을 의미하는지를 분명히 보여준다. 나는 성찬을 행할 때면 늘 므비보셋이 누린 특권을 생각한다. 나는 영적인 절름발이로서 하나님을 기쁘시게 할 수 없는 존재다. 하지만 내 형제이신 예수 그리스도의 도우심을 받아 왕이신 하나님의 식탁으로 나아간다. 나는 지극히 무력한 존재이지만 그리스도를 통해 하나님의 가족이 되는 놀라운 특권을 부여받았다.

하나님의 측량할 수 없는 사랑

므비보셋이 왕의 식탁에 참여할 수 있었던 이유는 다윗이 므비보셋을 사랑했기 때문이 아니다. 사실 다윗은 므비보셋을 알지도 못했다. 다윗이 므비보셋에게 특권을 베푼 이유는 요나단에 대한 사랑 때문이었다. 우리가 하나님의 자녀가 될 수 있는 이유는, 성자 예수님이 "자기 영혼의 수고한 것을 보고 만족하게 여기도록"(사 53:11) 성부 하나님이 정하셨기 때문이다.

요한복음 17장에서 말씀하신 대로, 우리는 성부가 성자에게 주신 자들이다. 우리가 하나님의 자녀로 일컬음을 받을 수 있는 것은 성자를 향한 성부의 사랑 때문이다. 성부가 우리의 맏형이신 예수님을 사랑하시기 때문에 우리는 그분의 가족이 되어 그분의 식탁에 참여할 수 있게 된 것이다.

우리는 이 놀라운 특권을 당연시해서는 안 된다. 하나님을 "아버지"라고 부르며 기도할 때마다, 이와 같은 관계를 가능하게 만든 하나님의 놀라운 사랑을 생각할 수 있어야 한다. 이런 이유로 요한은 "보라 아버지께서 어떠한 사랑을 우리에게 베푸사 하나님의 자녀라 일컬음을 받게 하셨는가, 우리가 그러하도다 그러므로 세상이 우리를 알지 못함은 그를 알지 못함이라"고 말했다.

세상의 나그네들

하나님의 가족이 된 이상 우리는 하나님에게 더 이상 낯선 존재가 아니다. 하나님은 우리를 아신다. 오히려 이제 우리는 과거에 속했던 세상에 대해 낯선 자가 되었다. 우리가 그리스도인이라면 이 세상과는 다른 사고방식을 가질 수밖에 없다. 세상은 우리를 이해할 수 없다.

비그리스도인들은 결코 그리스도인들의 생각을 이해하지 못한다. 그들은 세상에 속하고, 우리는 하나님께 속하기 때문이다. 성경은 "세상이 우리를 알지 못함은 그를 알지 못함이라"고 말한다. 우리가 그리스도에게 접붙임 되어 하나님의 자녀가 되었기 때문에 우리도 그리스도처럼 세상의 미움과 배척을 받을 수밖에 없다. 이런 상황 때문에 우리는 간혹 타협을 시도하려는 유혹에 빠지게 된다. 세상으로부터 배척당할 때 우리는 상처를 받는다. 우리는 여전히 모든 사람이 우리를 사랑해 주기 원한다. 마음 깊은 곳에서는 주변 사람들에게 칭찬과 사랑을 받고 싶어한다. 사실 우리는 그리스도처럼 고난과 수치를 당하고 싶어하지 않는다.

그렇다면 우리가 과연 세례를 받았는지 생각해 보자. 우리는 무엇으로 세례를 받았는가? 그리스도의 죽으심과 더불어 세례를 받았는가? 그리스도의 부활과 더불어 세례를 받았는가? 우리가 세례를 받았다면 우리 영혼에 흔적이 새겨진 셈이다. 이 흔적은 결코 지울 수 없다. 우리는 이 흔적을 통해 그리스도의 고난에 동참하도록 구별된 존재다.

우리가 그리스도의 고난에 참여하지 않는다면, 결코 그분의 영광에 참여할 수 없다. 하지만 기꺼이 그리스도의 고난에 참여한다면 우리는 장차 그리스도의 영광에 동참하게 될 것이다. 우리는 몸에 세례의 흔적을 지니고 있다. 우리는 그리스도와 연합했다. 그러므로 그리스도를 알지 못하는 세상은 우리를 알 수 없다.

하늘나라의 삶

요한은 또한 "사랑하는 자들아 우리가 지금은 하나님의 자녀라 장래에 어떻게 될지는 아직 나타나지 아니하였으나"(요일 3:2)라고 말했다. 이 말씀은 현재와 미래를 대조한다. 우리는 현재의 일은 알 수 있지만 장래의 일은 아직 알 수 없다. 현재 우리가 하나님의 자녀라는 사실은 알고 있다. 그러나 장차 우리가 어떻게 될지는 아직 모른다.

사람들은 종종 이런 질문을 한다. "하늘나라에 가면 나는 어떤 모습으로 사나요?" "58세의 나이로 영원히 계속 살게 되나요?" "새롭게 부활한 몸도 뚱뚱할까요?" "18세에 가졌던 몸의 민첩함을 회복할 수 있을까요?" 나는 이런 질문을 들을 때마다 어리둥절하다. "아니, 이 사람들은 내가 그런 질문에 대답할 수 있으리라고 생각하고 묻는 건가?" 아직 우리는 그런 일들을 알 수 없다. 우리는 하늘나라의 삶이 정확히 어떤 모습일지 알 수 없다.

아버지가 돌아가신 후 몇 년 동안, 나는 이따금씩 계속되는 악몽에 시달렸다. 아버지는 약 3년 동안 시름시를 앓다가 돌아가셨다. 몇 차례의 뇌중풍에 시달리며 그때마다 조금씩 힘을 잃고 약해지셨다. 시간이 흐르면서 아버지의 몸은 마비되었으며, 머리는 백발처럼 변했다. 당시 그분은 52세밖에 안 되셨지만, 겉모습은 80세 노인처럼 보였다.

아버지는 식사시간을 제외하고는 항상 의자에 앉아 지내셨다. 식사시간이 되면, 나는 아버지 앞으로 가 등을 뒤로 한 채 몸을 굽혔다. 그리고 아버지의 힘없는 팔을 들어 내 목에 두른 뒤 등에 업고 식당으로 내려왔다. 식당에 들어가 아버지를 의자에 앉힐 때면 아버지의 발이 힘없이 축 처져 내렸다.

아버지는 품위를 잃지 않기 위해 식탁에서 식사를 하기 원하셨다. 시력을 거의 상실하셨으며 말소리도 분명치 않으셨지만 목숨이 붙어 있는 한, 가장의 자리에 앉아 식사하기를 원하셨다. 식사가 끝나면 나는 다시 식당에 내려올 때와 마찬가지로 아버지를 방으로 모셔다 드렸다.

아버지가 돌아가셨을 때, 마치 내 영혼도 그분과 함께 죽은 것만 같았다. 당시 10대 소년이었던 나에게는 아버지가 이 세상에서 가장 위대한 사람이었다. 아버지가 돌아가신 후 수년 동안 나는 종종 악몽에 시달리다가 식은땀에 흠뻑 젖어 잠에서 깼다. 꿈에 아버지가 나타나셨는데, 꿈을 꿀 때마다 내 감정은 똑같았다. 처음에는 아버지를 보고 몹시 기뻤지만 이내 절망했다. 아버지의 모습이 돌아가실 때와 다름없는 병약한 모습 그대로였기 때문이다. 나는 꿈속에서도 희망이 없다고 생각했다. 아버지는 죽어 가고 있었다. 아버지의 죽음을 멈추기 위해 내가 할 수 있는 일은 아무것도 없었다.

이런 식의 악몽은 이미 20년 전에 그쳤다. 하지만 악몽이 그치기 전에 나는 같은 꿈을 최소한 서른 번 정도나 꾸었다. 그러다가 약 3년 전에 다시 아버지에 관한 꿈을 꾸게 되었다.

사람은 온갖 종류의 꿈을 꾼다. 꿈을 꾸는 이유는 사람마다 다르다. 심리분석학자들이 꿈의 의미를 추측하지만, 꿈에 대한 해석은 과학적으로 정확하게 설명할 수 없다. 어떤 꿈은 몹시 강렬하고 생생해서 아침에 일어나면 그 내용이 자세히 기억나기도 한다. 아버지에 관한 마지막 꿈이 그랬다. 나는 결코 그것이 하나님이 주신 새로운 계시였다고 생각하지 않는다. 내가 확신할 수 있는 것은 그것이 꿈이었다는 사실뿐이다. 하지만 그 꿈은 내 관심을 깊이 사로잡았다.

꿈속에서 아버지는 처음으로 건강한 모습으로 나타나셨다. 나는 즉시 아버지를 알아보았지만, 아버지의 나이를 짐작하기 어려웠다. 아버지의 얼굴은 햇볕에 그을린 건강한 모습이었으며, 전체적인 외모에서 강하고 당당한 기품이 우러나왔다. 아버지의 나이가 45세인지 25세인지 알아보기 어려웠다. 아버지의 나이를 짐작할 길은 없었지만, 더 이상 죽어가는 사람의 모습은 아니었다. 오히려 아버지의 몸에서는 광채가 났다. 나는 "아버지, 살아 계셨군요"라고 말했다.

아버지는 눈을 반짝이며 나를 쳐다보셨다. 그리고 빙그레 웃으며 물으셨다. "물론, 살아 있단다. 내 모습이 어떠냐?"

"새 몸을 입으셨네요. 저는 우리가 먼 장래에나 그런 몸을 입게 될 거라고 생각했습니다."

"그래, 나는 이미 새 몸을 입었단다."

나는 아버지가 이미 하늘나라에 가 계신다면 그분의 말이 맞을 거라고 생각했다.

"아버지, 예수님을 처음 뵈었을 때 어떠셨어요?"

"마치 요한계시록에 기록된 것과 흡사했단다. 이곳에는 등불도 없고 태양도 없고 달도 없단다. 하나님과 어린양의 영광이 모든 곳을 환히 비추고 있지. 그리스도의 찬란한 영광을 보는 순간, 나는 내 눈을 믿을 수 없었다."

"그렇다면 예수님의 영광스런 모습을 한 번만 보고, 그 뒤에는 하늘나라에 있는 자신의 거처로 가서 그 모습을 기억하며 살아가나요?"

"아니다. 놀랍게도 하늘나라 어느 곳에 있든지 예수님의 영광스런 모습을 볼 수 있단다."

그의 계신 그대로 볼 것을 인함이니

이것이 내가 꾼 꿈이었다. 이 꿈은 내 인생에서 가장 컸던 고

통과 내 인생에서 가장 큰 소망, 곧 아버지를 잃은 고통과 하나님을 보게 되리라는 신약성경의 약속을 연결하는 가교 역할을 했다. 나는 우리가 장차 하나님을 보게 되는 최고의 복을 누리게 될 것을 주제로 삼은 설교를 들어본 적이 없다.

이는 참으로 납득하기 어려운 일이다. 하나님을 보는 것은 그리스도인의 궁극적인 소망이자 상급이다. 그리스도인이 누리게 될 가장 큰 축복은 하나님을 보는 일이다. 얼굴과 얼굴을 마주 대고 하나님을 보게 될 때, 우리는 최고의 복을 체험한다.

> 우리가 지금은 하나님의 자녀라 장래에 어떻게 될지는 아직 나타나지 아니하였으나 그가 나타나시면 우리가 그와 같을 줄을 아는 것은 그의 참모습 그대로 볼 것이기 때문이니 주를 향하여 이 소망을 가진 자마다 그의 깨끗하심과 같이 자기를 깨끗하게 하느니라 (요일 3:2, 3).

본문은 수세기 동안 신학자들의 생각을 사로잡아온 한 가지 문제를 제기한다. 마치 "닭이 먼저냐 계란이 먼저냐"와 같은 문제다. 요한은 우리가 하나님을 "그의 참모습 그대로" 보게 될 것이라고 말한다. 구약시대의 경우, 하나님은 영광의 구름(쉐키나), 불타는 가시떨기, 구름기둥 또는 여러 가지 형태의 신적 현현(顯

現)을 통해 그 모습을 드러내셨다. 그러나 본문은 우리가 장차 하나님의 모습을 있는 그대로, 즉 영이신 하나님의 본질을 보게 될 것을 의미한다.

그렇다면 우리는 어떻게 영이신 하나님의 본질을 볼 수 있는가?

먼저 우리가 사람이나 사물을 어떻게 볼 수 있는지 생각해 보자. 어떤 것을 보려면 몸과 눈이 있어야 한다. 또한 빛도 있어야 하고, 빛에 의해 그 모습을 드러내는 구체적인 대상이 눈앞에 존재해야 한다. 한마디로 여러 가지 화학적, 물리적 관계가 동시에 성립되어야 사물이나 사람을 볼 수 있다. 빛이 물체에 비쳐 반사하면 그 영상이 내 눈에 들어온다. 그 영상은 다시 동공과 수정체를 거쳐 망막에 비치게 되고 시신경세포에 전달된다. 그리고 마침내 시신경세포를 통해 뇌에 전달되어 내 머리에 사물의 형상을 그린다. 사실 나는 물체 자체를 직접 보는 것이 아니다. 내가 본 것은 광자(光子)를 비롯한 기타 현상으로 구성된 영상일 뿐이다. 사물을 본다는 것은 나의 감각과 신경세포에 의해 중개된 현상이다.

만일 하나님이 영이시고 몸을 가지고 계시지 않다면, 우리는 어떻게 그분을 볼 수 있을까? 조나단 에드워즈는 영의 인식은 영상(또는 광자)의 전달로 이루어지지 않는다고 말했다. 영을 인식할 때는 신경세포나 수정체가 필요 없다. 하나님을 인식하는 것은 매개체를 거치지 않는 "직접적인" 경험이다. "직접적인" 경험이란 무엇을 의미하는가?

한 가지 예를 들어보자. 미식축구 시즌이 끝났을 때 나는 사람들에게 "슈퍼볼(Super Bowl) 게임 보셨어요?"라고 묻는다. 그들이 봤다고 대답하면 나는 다시 "경기장 분위기가 어땠나요?"라는 식의 좀 더 자세한 질문을 던진다. 그러면 사람들은 경기장에 가지 않고 텔레비전으로 슈퍼볼을 보았다고 대답한다. 이 경우, 그들은 사실상 슈퍼볼을 본 것이 아니라고 할 수 있다. 다시 말해 그들은 텔레비전이란 매개체를 통해 중계된 영상을 본 것뿐이다. 사람들은 또한 신문이나 라디오를 통해 슈퍼볼에 관한 기사를 보고 듣는다. 결국 그들은 "미디어"를 통해 슈퍼볼을 간접적으로 체험한 것이다.

대중매체를 미디어라고 부르는 이유는 우리와 현실의 중간에 서서 상황을 중계하는 매개체 역할을 하기 때문이다. 그렇다면 우리가 직접 사물이나 현상을 보았을 경우에는 직접적인 경험이라고 말할 수 있는가? 결코 그렇지 않다. 그런 경우에도 우리는 감각이라는 육체적 현상을 통해 간접적으로 사물을 경험할 뿐이다.

매개체 없이 직접적으로 하나님의 본질을 인식할 수 있다는 것을 한번 상상해 보라. 신약성경은 그리스도인이 죽는 순간에 하나님을 직접 볼 수 있다고 약속한다. 우리는 그런 경험이 어떤 것일지 아직 알 수 없다. 그러나 한 가지는 분명하다. 우리는 장차 하나님과 같이 되어 그분을 계신 그대로 보게 될 것이다.

하나님의 순수한 영광을 보다

다시 "닭이 먼저냐 계란이 먼저냐" 하는 문제로 돌아가 보자. 성경은 성화(聖化)의 마지막에 도달하면 영화(榮化)가 이루어진다고 말한다. 영화의 단계에 이르면 모든 죄의 오점과 흔적이 우리의 성품에서 완전히 사라진다. 더 이상의 죄나 두려움이나 잘못, 고통이나 악이 없는 완전한 상태에 이른다. 곧 그리스도와 같이 온전히 거룩한 상태가 된다. 우리는 그리스도를 있는 그대로, 즉 그분의 지극히 순결하고 영광스러운 모습 그대로 보게 될 것이다.

이사야는 과거 성전에서 이상 중에 거룩하신 하나님을 보았다. 하지만 그런 경험조차도 장차 하늘나라에서 보게 될 하나님의 영광과는 결코 비교할 수 없다.

그렇다면 우리가 하나님을 볼 수 있기 위해서는 먼저 하나님이 우리를 순결하고 영화로운 상태로 만들어야만 한다는 것인가? 우리가 지금 하나님을 볼 수 없는 이유는 우리 눈에 결함이 있기 때문이 아니다. 문제는 마음에 있다. 하나님은 마음이 청결하지 않은 사람이 그분을 볼 수 있도록 허락하지 않으신다. 예수님은 "마음이 청결한 자는 복이 있나니 그들이 하나님을 볼 것임이요"(마 5:8)라고 말씀하셨다. 우리는 마음이 깨끗하지 못하다. 그러므로 현재를 초월하는 일들은 볼 수 없다. 다만 3차원의 영역에 속한 것들만 볼 수 있다. 그 이상, 즉 초자연적 영역에 속한 일들은 볼 수 없다. 우리는 하나님께 속한 영역을 볼 수 없기 때문에 그분을 볼 수 없다.

천사가 여전히 화염검을 들고 천국에 이르는 문을 지키고 있다. 어떤 인간도 하나님을 보고 살아남을 수 없다. 우리는 순결한 상태가 되어야만 비로소 하나님을 볼 수 있다. 그렇다면 하나님이 먼저 우리를 깨끗하게 하셔야간 눈이 밝아져 그리스도의 영광을 직접 인식할 수 있다는 말인가? 나로서는 잘 모르겠다.

아마 이렇게 생각할 수도 있다. 즉 하나님이 우리를 먼저 깨끗하게 하시고 그 다음에야 그분의 영광을 직접 인식할 수 있게 되는 것이 아니라, 하나님이 그분의 순결하신 영광을 우리에게 비추시기 때문에 우리가 그분을 인식할 수 있다는 것이다. 바꾸어 말하면 하나님을 보는 것 자체가 우리를 완전하게 만드는 능력이며, 그분을 보는 순간에 우리가 깨끗해진다. 사실 하나님을 보는 것이 먼저인지, 깨끗함을 받는 것이 먼저인지는 분명하지 않다. 사실 어느 것이 먼저든 무슨 상관인가? 내 바람은 단지 하나님을 보는 것뿐이다. 그리스도를 영접한 모든 사람이 장차 영혼의 눈이 열려 온전히 드러난 예수 그리스도의 영광을 직접 보게 되는 것이 내 소망이다.

하나님을 보는 것이 우리가 지음 받은 궁극적인 목적이다. 인간은 타락으로 인해 이와 같은 궁극적인 목적을 상실했다. 인간 영혼의 가장 깊은 곳에는 하나님을 사모하는 열망이 잠재해 있다. 이 열망은 하나님을 보는 것만으로 충족될 수 있다. 오직 하나님을 보게 될 때 인간으로서의 궁극적인 목적이 이루어진다.

이것이 하나님의 백성에게 약속된 궁극적인 운명이자 구원의 목적이다. 우리는 바로 이와 같은 궁극적인 목적을 위해 구원받았다. 우리는 하나님에 의해, 하나님의 진노로부터, 하나님의 영광을 위해 구원받았다. 이것이 바로 성경이 말하는 구원의 의미다.

새 하늘과 새 땅

마지막으로 새 하늘과 새 땅에 관한 하나님의 약속을 생각해 보자. 성경은 새 예루살렘이 하늘에서 내려올 것이라고 약속한다. 요한은 밧모 섬에 유배되어 있는 동안 장차 이루어질 일에 관한 계시를 받았다. 새 하늘과 새 땅에 관한 계시는 그가 받은 계시 가운데 절정을 이룬다.

또 내가 새 하늘과 새 땅을 보니 처음 하늘과 처음 땅이 없어졌고 바다도 다시 있지 않더라 또 내가 보매 거룩한 성 새 예루살렘이 하나님께로부터 하늘에서 내려오니 그 준비한 것이 신부가 남편을 위하여 단장한 것 같더라 내가 들으니 보좌에서 큰 음성이 나서 이르되 보라 하나님의 장막이 사람들과 함께 있으매 하나님이 그들과 함께 계시리니 그들은 하나님의 백성이 되고 하나님은 친히 그들과 함께 계셔서 모든 눈물을 그 눈에서 닦아주시니 다시는 사망이 없고 애통하는 것이나 곡하는 것이나 아픈 것이 다시 있지 아니하리니 처음 것들이 다 지나갔음이러라 보좌에 앉으신 이가 이르시되 보라 내가 만물을 새롭게 하노라 하시고 또 이르시되 이 말은 신실하고 참되니 기록하라 하시고 또 내게 말씀하시되 이루었도다 나는 알파와 오메가요 처음과 마지막이라 내가 생명수 샘물을 목마른 자에게 값없이 주리니 이기는 자는 이것들을 상속으로 받으리라 나는 그의 하나님이 되고 그는 내 아들이 되리라(계 21:1-7).

요한은 하늘나라를 황금길, 진주문, 보석으로 장식된 벽으로 이루어진 곳이라고 묘사한다. 요한이 묘사한 새 예루살렘은 뛰어나고 장엄하고 아름다운 곳이다. 이 세상에서 가장 웅장하고 화려한 건물도 새 예루살렘에 비교하면 지저분한 빈민굴 같을 뿐이다.

새 예루살렘에는 교회가 없다. 하늘나라에는 하늘을 높이 찌르는 교회당의 높은 첨탑도, 성전도 필요하지 않다.

성 안에서 내가 성전을 보지 못하였으니 이는 주 하나님 곧 전능하신 이와 및 어린양이 그 성전이심이라 그 성은 해나 달의 비침이 쓸 데없으니 이는 하나님의 영광이 비치고 어린양이 그 등불이 되심이라 만국이 그 빛 가운데로 다니고 땅의 왕들이 자기 영광을 가지고 그리로 들어가리라 낮에 성문들을 도무지 닫지 아니하리니 거기에는 밤이 없음이라 사람들이 만국의 영광과 존귀를 가지고 그리로 들어가겠고(계 21:22-26).

위대한 구원

요한은 성경의 마지막 장에서 수정같이 맑은 생명수의 강을 묘사한다. 생명수의 강이 흐르는 찬란한 하늘나라에서 우리는 하나님을 보는 최고의 복을 누리게 된다. 요한은 우리가 얻게 될 궁극적인 구원에 관해 다음과 같이 증언한다.

또 그가 수정같이 맑은 생명수의 강을 내게 보이니 하나님과 및 어린양의 보좌로부터 나와서 길 가운데로 흐르더라 강 좌우에 생명나무가 있어 열두 가지 열매를 맺되 달마다 그 열매를 맺고 그 나무 잎사귀들은 만국을 치료하기 위하여 있더라 다시 저주가 없으며 하나님과 그 어린양의 보좌가 그 가운데에 있으리니 그의 종들이 그를 섬기며 그의 얼굴을 볼 터이요 그의 이름도 그들의 이마에 있으리라 다시 밤이 없겠고 등불과 햇빛이 쓸데없으니 이는 주 하나님이 그들에게 비치심이라 그들이 세세토록 왕 노릇 하리로다 (계 22:1-5).

그러므로 우리가 구원을 등한시하면 어떻게 피할 것인가? 다시 강조하지만 우리는 하나님에 의해, 하나님의 진노로부터, 하나님의 영광을 위해 구원받는다. 모든 영광이 그분께 있다.

Saved From What?

사명선언문

너희가 흠이 없고 순전하여……세상에서 그들 가운데 빛들로
나타내며 생명의 말씀을 밝혀 _ 빌 2:15-16

1. 생명을 담겠습니다
만드는 책에 주님 주신 생명을 담겠습니다.
그 책으로 복음을 선포하겠습니다.

2. 말씀을 밝히겠습니다
생명의 근본은 말씀입니다.
말씀을 밝혀 성도와 교회의 성장을 돕겠습니다.

3. 빛이 되겠습니다
시대와 영혼의 어두움을 밝혀 주님 앞으로 이끄는
빛이 되는 책을 만들겠습니다.

4. 순전히 행하겠습니다
책을 만들고 전하는 일과 경영하는 일에 부끄러움이 없는
정직함으로 행하겠습니다.

5. 끝까지 전파하겠습니다
모든 사람에게, 땅 끝까지, 주님 오시는 그날까지
복음을 전하는 사명을 다하겠습니다.

서점 안내

광화문점 서울시 종로구 새문안로 69 구세군회관 1층
02)737-2288 / 02)737-4623(F)

강남점 서울시 서초구 신반포로 177 반포쇼핑타운 3동 2층
02)595-1211 / 02)595-3549(F)

구로점 서울시 동작구 시흥대로 602, 3층 302호
02)858-8744 / 02)838-0653(F)

노원점 서울시 노원구 동일로 1366 삼봉빌딩 지하 1층
02)938-7979 / 02)3391-6169(F)

일산점 경기도 고양시 일산서구 중앙로 1391 레이크타운 지하 1층
031)916-8787 / 031)916-8788(F)

의정부점 경기도 의정부시 청사로47번길 12 성산타워 3층
031)845-0600 / 031)852-6930(F)

인터넷서점 www.lifebook.co.kr